미라클레터

KB035019

# 미라클레터

성공한 슈퍼 CEO와 프로 일잘러의
30가지 성장 노하우

# MIRAKLE LETTER

# 미라클레터

이상덕·이덕주·원호섭·이다솔 지음

매일경제신문사

"20년 후 당신은 했던 일보다 하지 않았던 일들로 더 실망할 것이다. 그러니 밧줄을 풀고 안전한 항구를 떠나 무역풍을 타고 나아가라. 탐험하고, 꿈꾸고, 발견하라."

미국의 작가 마크 트웨인(Mark Twain)이 남긴 명언입니다. 우리는 늘 모험과 성장을 꿈꿉니다. 어떻게 하면 경제적 자유를 이룰까, 어떻게 하면 옳은 진로를 선택할까, 어떻게 하면 후회 없는 삶을 살 수 있을까…. 모든 인생이 그렇듯, 삶에는 정답이 없습니다. 하지만 정답이 없다고 해서, 참고할 콘텐츠가 없는 것은 아닙니다.

미라클레터는 독자들의 이런 고민을 함께하는 뉴스레터입니다. '미라클 모닝을 꿈꾸는 직장인들의 참고서'라는 모토로, 매일경제에서 주 3회 새벽에 보내드리는 뉴스레터인데요. 2019년 4월 처음 베타 버전으로 편지를 보내드린 이래 2024년 9월 어느덧 800호에 달하는 편지를 쓰게 됐습니다.

미라클레터는 테크놀로지 뉴스레터로 시작을 했지만, 독자님 요청에 맞춰 다루는 영역을 넓혀왔습니다. 오늘날에는 딥테크와 사이언스뿐 아니라 글로벌 트렌드, 재테크, 기업문화, 커리어 성장법까지 다루는 레터로 성장했습니다.

미라클레터를 쓰면서 항상 독자들을 생각하게 됩니다. 출근길에 15분 정도 소중한 시간을 내서 편지를 읽는 독자는 어떤 분일까 상상하며 글을 씁니다. 따끈따끈한 정보는 물론 동기 부여가 되는 편지를 드리려는 이유입니다.

미라클레터가 마음속 깊이 염두에 두는 것은 요리사가 팔딱거리는 활어회를 요리해 내놓듯, 한국 시각 새벽에 벌어진 혁신의 수도 실리콘밸리 소식을 독자들이 눈 뜨자마자 싱싱하게 받아볼 수 있도록 하는 것입니다. 레거시 미디어 가운데 가장 많은 10만 명에 달하는 독자들이 미라클레터를 읽으며 웃고 울고 하는 이유입니다.

이번에 두 번째 책으로 엮으면서 많은 고민을 했습니다. 800호를 250페이지 분량의 책으로 모두 엮을 경우 총 47권이나 되었기 때문입니다. 이번 책에서는 그동안 독자들이 가장 뜨겁게 읽었던 편지들인 커리어와 성장에 대한 콘텐츠를 엄선해 실었습니다. 또 시간이 지나면서 유행에 뒤처진 사례는 새롭게 업데이트했습니다. 미라클레터에서는 성장과 관련된 레터를 에버그린 콘텐츠(Evergreen Content)라고 부릅니다. 트렌드와 달리 시간이 흘러도 변하지 않는 가치를 지니기 때문입니다.

각 파트는 크게 마인드(태도), 업무 노하우, 소통법, 리더십, 팀워크, 재테크 마인드, 재충전으로 구성했습니다. 총 7개 파트에 30

일 간의 레터입니다. 살면서 반드시 알아야 할 노하우를 담았습니다. '50년간 지치지 않는 루틴의 힘'을 만드는 법에서부터 '업무 효율을 극대화하는 8대2의 법칙', '프레젠테이션을 잘하는 킬러 PT 방법', '직장 내 필요한 네티켓', '비전과 리딩이 만드는 리더십', '소시오패스와 승진', '돈이 늘어나는 다섯 가지 원칙' 등이 대표적입니다. 30개 레터이다 보니 독자들이 하루에 한 챕터씩 꼭꼭 씹어 읽는다면 정답은 아니더라도, 방향은 잡을 수 있다고 믿습니다.

미라클레터는 10만 명에 달하는 독자들이 함께 하고 있는데요. 대다수 직장인들입니다. 경영사무직이 21.8%로 가장 많고, 이어 정보기술(IT) 10.6%, 마케팅·홍보 8.8%, 최고경영자(CEO)·임원 6.6% 순입니다. 특히 최고경영자 독자들이 특별히 많기 때문에 'CEO들이 최애하는 뉴스레터'라는 별명이 붙었습니다. 많은 IT 기업에서도 주간 회의 참고 자료로 활용하고 있습니다. 또 입소문이 나면서 이들 기업에 문을 두드리려는 대학생과 취업준비생 비중도 8.9%로 늘었습니다. 이 책을 통해 보다 많은 분이 성장하는 기쁨을 누렸으면 하는 바람입니다.

미라클레터는 늘 독자를 생각해 집필합니다. 책을 낼 때도 문어체를 적용하지 않은 이유입니다. 우리말은 책으로 옮길 때는 독자를 특정할 수 없기 때문에 반말로 적는 것이 일반적인데요. 미라클레터는 독자 한 명, 한 명을 생각하기 때문에 책 내용을 존댓말과 구어체로 구성했습니다. 딱딱한 책이 옆에서 낭독해 주는 서간문이나 편지라고 생각해 주시면 좋을 것 같아요. 책을 읽다가 더 업데이트가 필요하시면 미라클레터를 구독해 봐주세요. 방법은 간단해요. 검색창에서 '미라클레터'로 검색하면 바로 한눈에 보입니다. 클릭해서 구독만 하면 무료로 보실 수 있습니다.

미라클레터는 독자님들과 함께하는 성장을 꿈꿉니다. 혹시 책을 읽으시다가 궁금하신 것은, 뉴스레터 미라클레터 편지 끝에 있는 '좋았어요', '별로예요' 버튼을 누르고 간략한 몇 자만 적어주면 필자들이 달려가 답변을 드리겠습니다. 언제나 독자들의 성장을 진심으로 응원합니다.

팀 미라클레터:

이상덕 · 이덕주 · 원호섭 · 이다솔 올림

## 목차

마인드

# 더 가치있고
# 유능하게
# 해내는 법

# 50년간 지치지 않은 루틴의 힘

"어제를 통해 배우고, 오늘을 위해 살며,
내일을 향해 바라보세요. 그리고 오후에는 좀 쉬자."

"Learn from yesterday, live for today,
look to tomorrow, rest this afternoon."

– 스누피, 〈피너츠〉 –

피너츠(Peanuts)를 알고 있나요. 한국에서는 스누피(Snoopy)로 유명한 인기 만화인데요. 만화가 찰스 슐츠(Charles M. Schulz)가 1950년 10월 2일부터 2000년 2월 13일까지 무려 1만 7,897회에 걸쳐서 한 땀 한 땀 그린 연재물입니다. 75개국 2,600개 신문에 21개 언어로 번역돼 한 때 독자 수가 3억 5,000만 명에 달했습니다. 찰스 슐츠는 스누피를 50년간 지치지 않고 그렸는데요. 놀라운 점은 연재를 쉰 것은 50년간 딱 한 차례, 1997년 휴가 때뿐이라고 합니다. 어떻게 하면 이렇게 지치지 않고 일에 몰두할 수 있을까요. 그 루틴의 비결은 무엇일까요. 첫 레터에서는 찰스 슐츠의 지치지 않은 열정의 비결을 알려드리겠습니다.

## 찰리가 던지는 좌절과 도전, 그리고 희망의 메시지

찰리 브라운이 이끄는 피너츠 야구팀은 매번 굴욕적인 패배를 당합니다. 찰리 브라운은 마운드에 올라 "이번에는 내가 던질 거야! 그리고 삼진으로 처리할 거야!"라고 선언합니다. 하지만 다음 장면은 그가 공에 얼굴을 맞은 후 등을 대고 누워있는 모습입니다. 루시는 이런 찰리에게 "찰리, 넌 그다지 좋은 선수가 아니라는 생각을 해 본 적이 있니?"라고 핀잔을 줍니다. 하지만 끊임없는 좌절과 비판에도, 찰리는 야구와 동료에 대한 사랑을 결코 포기하지 않습니다.

잠깐, 캐릭터들 특징이 가물가물할 것 같아 짧게 소개해 보겠습니다. 피너츠에 등장하는 주요 인물은 13명인데요, 이렇습니다.

· **찰리 브라운**Charlie Brown: 항상 실패하지만 포기하지 않는 아이. 그의 도전 정

신은 슐츠의 철학을 잘 나타냅니다.

- **스누피**Snoopy: 상상력이 풍부하고 낙천적인 강아지. 그의 순수함과 창의력은 많은 사람에게 영감을 줍니다.
- **우드스톡**Woodstock: 스누피의 조수, 독특한 성격과 개성을 가지고 있습니다.
- **샐리 브라운**Sally Brown: 찰리의 동생으로, 오빠를 잘 이용하는 스마트한 아이입니다.
- **루시, 라이너스, 리런 반 펠트**Lucy, Linus, Rerun Van Pelt : 반 펠트 남매들로, 각각 독특한 개성을 지니고 있으며, 찰리와의 관계에서 다양한 이야기를 만들어냅니다.
- **슈로더**Schroeder: 피아노를 사랑하는 소년으로, 루시의 짝사랑 대상입니다.
- **페퍼민트 패티**Peppermint Patty: 찰리를 좋아하지만, 항상 그를 이기는 친구입니다.
- **마시**Marcie: 패티의 친구로, 항상 '선생님Sir'이라고 부르는 특이한 버릇이 있습니다.
- **픽펜**Pig-Pen: 지저분하지만, 친구들과 잘 어울리는 소년입니다.

어떤가요. 조금은 기억이 돌아오나요.

찰스 슐츠가 세계적인 베스트셀러를 만들 수 있었던 가장 큰 이유는 공감 능력 때문입니다. 특히 주인공 찰리 브라운은 늘 직면한 문제를 해결하려고 들지만, 그럴 때마다 운이 따르지 않습니다. 너무나 평범하게 볼 수 있는 동네 꼬마입니다. 스누피의 스토리라인은 사실 외로움, 사회적 불안, 삶의 의미와 같은 무거운 주제를 다루고 있는데요. 그런 환경에서도 캐릭터들은 언제나 이를 극복하고 성장합니다. 메시지 전체가 희망에 차 있는 것이죠. 이러한 이야기 구조 덕분에 피너츠에는 어록이 많습니다. 몇 가지 소개해 볼까요.

> "누가 날 좋아하지 않는지 걱정할 시간이 없어요. 난 나를 사랑하는 사람들을 사랑하느라 바빠요." - 스누피 -
> "오늘 세상이 끝날까 봐 걱정하지 마세요. 호주는 이미 내일입니다." - 마시 -
> "사랑만 있으면 되죠. 하지만 가끔 초콜릿을 먹는 것도 나쁘지 않죠." - 루시 -
> "하던 대로 해. 아무도 네가 잘못하고 있다고 말할 자격은 없어." - 찰리 -

## 50년 몰입의 힘, 그의 만화는 그의 인생이 된다

찰스 슐츠는 어떻게 이런 아이디어를 계속 떠올릴까요. 슐츠는 이런 말을 남겼습니다. "만화 캐릭터를 그리는 것은, 마치 드라마에서 주인공을 캐스팅하는 작업과 같습니다. 똑같은 만화를 계속 그리다 보면, 드라마 주인공들이 성장하듯이 캐릭터가 발전하는 것을 느낍니다. 그들의 성격이 갖춰지면, 그들이 진짜 유머를 이야기하기 시작합니다." 슐츠는 주변 인물을 빼닮은 캐릭터를 그리고, 이들

캐릭터에 심취해서 그렸다고 합니다. 바로 몰입의 힘입니다.

찰스 슐츠는 1922년 미국 미네소타주 미니애폴리스에서 태어났습니다. 외동아들이었지만, 주변에 많은 친척에 둘러싸여 살았습니다. 소년 슐츠의 취미는 신문에 연재된 만화를 읽는 것이었는데요. 만화에 빠져 살다, 고등학교를 졸업했습니다. 이후 자신이 그린 만화를 잡지에 연재하려고 했지만, 도전에는 번번이 실패합니다. 1943년에는 암에 걸린 어머니를 뒤로한 채 2차 대전에 참전합니다. 유럽 전선을 누비다 2년 뒤 돌아온 슐츠는 첫 직업을 구합니다.

가톨릭 만화 잡지인 〈타임리스 토픽스〉(Timeless Topix)의 연재만화에 참여할 기회를 얻었습니다. 만화 말풍선에 의성어나 의태어를 멋진 글씨로 써주는 이른바 레터링(Lettering) 업무였습니다. 그는 열심히 일했습니다. 틈나는 대로 자신의 습작을 그렸습니다. 이때 내놓은 것이 바로 '릴 폭스(Li'l Folks)'라는 작품이었습니다. 슐츠는 어렸을 때 집에서 키우던 강아지를 잊지 않았는데요. 그 강아지를 모티브로 삼은 만화였습니다. 찰스는 신문이나 잡지에 만화 기사 칼럼 등 콘텐츠를 공급하는 통신사인 유나이티드 피처 신디케이트(United Feature Syndicate)와 1950년 계약을 맺는데요. 통신사는 만화 타이틀이 어렵다고 피너츠로 변경했습니다.

피너츠는 슐츠의 삶을 빼닮았습니다. 찰리 브라운의 아버지는 이발사고 어머니는 가정주부인데요, 이는 슐츠 부모님의 직업과 똑같습니다. 또 스누피 역시 자신이 키우던 똑똑한 강아지였습니다.

슐츠는 어린 시절 두 번째 강아지가 생기면 이름을 스누피로 하겠다고 부모님과 약속했었다고 합니다.

슐츠는 1969년 실리콘밸리에서 불과 1시간 거리에 있는 산타로사(Santa Rosa)로 가족들과 함께 이사합니다. 그곳에서도 슐츠는 매일 빠짐없이 네 컷 만화를 그립니다. 그리고 이곳에서 2000년까지 그림을 그립니다. 슐츠가 피너츠를 연재한 기간은 50년인데요. 딱 한 번 빼고 시리즈는 중단된 적이 없었습니다. 그는 심지어 1980년 파킨슨병으로 쓰러졌을 때도 연재를 중단하지 않은 것으로 유명합니다.

비결이 무엇이냐고요. 바로 미리미리 꾸준하게 그림을 그렸기 때문입니다. 그는 언제나 최소 한 달 치 그림을 미리 그려놓았습니다. 슐츠의 피너츠 인생 50년에서 휴재를 한 것은 단 한 차례입니다. 1997년 휴가를 떠나고자 5주를 쉰 것이 인생에서 휴재의 전부였습니다. 심지어 그가 연재를 중단하고 휴가를 간 것 자체가 빅뉴스였습니다. 그는 인터뷰를 통해 "나의 75번째 생일을 맞아 5주간의 휴가를 떠난다"면서 "지난 1년간 내가 불안하다는 것을, 아내가 알아차린 것 같다"고 설명했습니다. 쉬지는 않고 싶었지만, 아내의 걱정 때문에 어쩔 수 없이 쉰다는 메시지였습니다.

# 루틴의 비결은 기록하고, 꺼내 보고, 실천하는 것

그가 50년간 매일 같이 지치지 않고 그림을 그릴 수 있었던 비결은, 아이디어를 빠짐없이 기록하는 습관과 이를 매일 같이 실천하는 루틴의 힘 때문입니다. 실제로 그는 기록의 힘을 믿었습니다. 슐츠는 공책에 연필 스케치로 워밍업 하듯이 그림을 그려두는데, 필요한 순간 그 그림을 찾아 만화로 옮기는 작업을 반복했다고 합니다. 슐츠는 "완성된 작품이 노트의 습작과 같지는 않더라도 낙서에서 수많은 아이디어가 나온다는 것을 발견했다"고 말했습니다. 아이디어가 떠오르면 그것을 빠짐없이 적어두고 이를 필요할 때 꺼내 쓰는 것이죠.

슐츠는 또한 루틴의 힘을 믿었습니다. 매일 아침 일어나서 오전에 2~3시간 정도 아이디어를 구상하고, 점심을 먹고 나서 본격적으로 3~4시간 동안 만화를 그리는 매우 꾸준한 삶을 살았습니다. 슐츠는 훗날 "같은 방에서 일하다 보면, 꾸준히 할 수 있다는 것을 깨달았다"면서 "환경이 바뀌면 작업이 더 어려워지고, 매일 같은 장소에 앉아 있으면 창의성이 발현된다"고 말했습니다. 특히 그는 1976년 아내가 사준 테이블에 앉아서 똑같은 자세로 똑같은 도구를 활용해 작업하는 것이 몰입에 보탬이 됐다고 회고했습니다.

슐츠는 50년간 지치지 않고 그림을 그리면서 우리에게 진정한

'루틴(routine)'이 무엇인지 보여준 인물입니다. 그가 보여준 루틴의 힘은 반복되고 지치는 일이더라도 매일같이 이를 거듭해, 몸이 자연스레 체화할 수 있도록 하는 일종의 살아가는 운동이 아니었나 하는 생각이 듭니다. 어려움을 이기려면 단 한 번의 노력이 아닌, 끝없는 도전과 노력이 있어야 한다는 메시지입니다. 그는 루틴의 비결을 이렇게 돌려 말합니다.

"만화 그리기는 꽤 애매한 일입니다. 어느 정도 똑똑해야 하지만, 정말 똑똑했다면 다른 일을 하고 있었겠죠. 그림을 어느 정도 잘 그려야 하지만, 정말 잘 그렸다면 화가가 되었을 겁니다. 글도 어느 정도 잘 써야 하지만, 정말 잘 썼다면 작가가 됐겠죠. 그래서 저 같은 사람에게 완벽한 직업입니다."

## 긍정적인 영향은
## 계속해서 돌고 돈다

찰스 슐츠의 피너츠는 20세기 가장 영향력 있는 만화 중 하나로 자리매김했습니다. 이는 슐츠 자신이 받았던 영향을 다음 세대에 전달하며 긍정적인 영향을 돌고 돌게 만든 결과입니다.

슐츠는 자신의 창작에 큰 영향을 준 만화들을 자주 언급했습니다. 대표적인 작품이 '미키 마우스'와 '뽀빠이'입니다. 미키 마우스는 1928년에 탄생했고, 뽀빠이는 1929년에 처음 등장했습니다. 두 만화는 슐츠가 어린 시절부터 즐겨 보던 작품입니다. 그에게 깊은 인상을 남겼습니다. 피너츠는 1950년에 처음 연재되었으니, 미키 마우스와 뽀빠이에 비하면 아들딸뻘이라고 할 수 있습니다. 슐츠는 "어린 시절 공책 표지에 뽀빠이를 그리면 다른 아이들이 보고 자신의 공책에도 그려달라고 요청했다"고 회상한 적이 있습니다.

긍정적 영향은 계속 이어집니다. 슐츠의 '피너츠' 또한 많은 만화가에게 영감을 주었는데요. 그중 하나는 짐 데이비스(Jim Davis)의 '가필드(Garfield)'입니다. 가필드는 1978년부터 연재되기 시작한 만화인데요. 게으르고 먹을 것을 좋아하는 오렌지색 고양이 가필드의 일상을 그린 작품입니다. 데이비스는 "피너츠의 대사와 말의 순수함이 독자들을 가장 효과적인 방법으로 이야기에 몰두하게 만든다"고 극찬하면서 스누피의 캐릭터와 피너츠의 이야기 전개 방식에서 많은 영감을 받았다고 밝혔습니다.

이렇게 계속해서 피너츠의 영향력이 이어진 이유는 슐츠의 작품은 단순한 만화를 넘어서 인생과 일상의 철학을 담고 있으며, 이로인해 많은 사람들에게 깊은 인상을 주었기 때문입니다. 피너츠의 캐릭터들은 그들의 단순한 행동과 대사를 통해 독자들에게 다양한 감정을 불러일으키며, 인생의 소소한 순간들을 소중히 여기는 법을 가르쳐주었습니다.

실리콘밸리 인근 도시인 산타로사는 슐츠를 기려 공항 이름에 그의 이름을 붙였습니다. 또 캘리포니아주는 슐츠가 2000년에 타계한 뒤 슐츠의 날을 지정하기도 했습니다. 그만큼 주변에 엄청난 영향을 준 인물입니다. 피너츠가 성공할 수 있었던 비결은 주인공인 찰리 브라운이 주변에서 흔히 볼 수 있는 '나 닮은' 캐릭터여서 공감을 쉽게 얻을 수 있었던 데다, 설령 어려움에 부딪혀 실패하더라도 끝없이 도전하는 삶의 자세와 '루틴의 힘'을 보여주었기 때문입니다.

# 인생은 메시 미들이다

"점진적으로 앞으로 나아가세요.
변화는 미터가 아니라
센티미터로 이뤄집니다."

– 릭 피티노(Richard Andrew Pitino) –

성공은 측정하기 어렵습니다. 사람마다 성공의 기준과 정도가 다르기 때문인데요.

반면에 가늠해 볼 수 있는 방법은 있습니다. 인생을 하나의 긴 여정이라고 보고, 성공을 목표의 종착지라고 생각해 보면 어떨까요. 내가 세운 기준선에서 최소한 내가 어느 지점에 와 있는지는 알 수 있습니다. 자수성가한 최고경영자(CEO), 명망을 얻은 학자, 주변에 긍정적 영향을 준 사람을 목표로 삼을 수 있습니다.

성공한 사람은 늘 주변의 스포트라이트를 받습니다. 그리고 모두 이들이 달성한 성취에 크게 주목합니다. 어떤 힘든 길을 걸었는지는 묻지 않습니다.

하지만 막상 성공한 분들을 만나면, 이런 말씀을 많이 합니다. "쉽지 않은 길이었어." 우리는 누군가의 성공과 실패는 잘 기억해도, 이들이 어떻게 걸어왔는지에 대해선 관심이 적습니다. 그러나 나도 성공하려면, 이들이 어떻게 길을 걸었는지 아는 것이 중요합니다.

## 삶이 힘든 것은 당연하다

디자인 업계의 유명 소셜미디어가 있습니다. 바로 비핸스 (Behance)라는 웹사이트인데요. 포토샵으로 유명한 어도비의 크리에이티브 클라우드 서비스입니다. 디자이너들이 자유롭게 자기 작품을 만들어 올리고 공유하고 상대방에게서 영감을 얻는 사이트입니다.

비핸스는 스콧 벨스키(Scott Belsky)가 창업한 스타트업이었는데요. 이를 어도비가 1억 5,000만 달러(약 2,000억 원)에 인수하면서 세상의 주목을 받았습니다. 이후 벨스키는 어도비의 최고제품책임자 (CPO)로 활동합니다. 그만큼 테크놀로지 업계에서 성공한 인물입니다. 하지만 그는 자신의 삶이 결코 평탄하지 않다고 강조합니다. 왜 그런 말을 했을까요.

벨스키는 코넬대와 하버드 비즈니스 스쿨을 졸업한 뒤 투자은행인 골드만삭스에서 투자자로 활동했습니다.

그와 인터뷰할 기회가 있었습니다. '왜 돈 많이 버는 직장을 그만두고 창업의 길을 걸었는지' 말이죠. 돌아온 답변은 간단했습니다. "학부 전공이 디자인이고, 회사를 설립하는 것에 관심이 컸습니다."

벨스키는 2005년 비핸스를 창업하면서 외부 자금 조달 없이 수익만으로 스타트업을 운영하는 이른바 부트스트래핑(Bootstrapping)의 길을 택합니다. 그 이유를 이렇게 설명합니다.

"스스로 운명을 통제하고 싶었습니다. 음… 사실 회사 미래에 대한 확신이 스스로에게 없었습니다."

투자자를 찾아가 봤자 거절당할 것이 불 보듯 뻔하니, 일단 자력으로 먼저 일어서 보겠다는 당찬 포부였습니다.


이후 그의 삶은 '울퉁불퉁' 그 자체였습니다. 창업 초기 2년은 자신의 월급을 받지 못했고, 절약을 위해 아무리 바쁘더라도 택시를 타지 않았습니다.

창업을 시작하고 6개월 뒤 마침내 제품을 낼 수 있었습니다. 디자이너들이 비핸스에 작품을 올리고, 그 작품을 누군가가 구입하면서, 디자인 업계의 소셜미디어로 자리매김할 길이 열린 것입니다. 고객 충성도가 올라가고, 페이지뷰가 올라가고, 트래픽을 기반으로 광고 사업을 시작했습니다.

하지만 아차 싶었습니다. 2008년 금융 위기 한복판. 잘못 짠 코딩 때문에 웹페이지를 전부 새로 만들어야 한다는 것을 뒤늦게 깨달은 것입니다. 그는 이렇게 회고했습니다. "기업가는 불확실 속에 살아야 하기 때문에 머릿속이 늘 복잡해요. 두뇌 용량을 한 업무에 딱 20%만 할당하는 것 같아요. 나머지 용량은 각각 다른 업무 생각이 차 있죠." 머릿속에 너무 많은 것을 집어넣다 보니 제대로 챙기지 못한 것입니다. 모든 팀원이 밤을 새워 웹페이지를 새로 만들었고, 다행히 오류 없이 지나갔습니다.

한 고비 넘긴 그는 2012년 어도비에 회사를 고가에 매각합니다. 누가 봐도 이제 그의 인생이 활짝 폈다고 생각할 수밖에 없었습니다. 하지만 그는 이렇게 말합니다. "주변 사람들은 낭만주의자 같아요. 늘 그 끝만 보니까요. 사실 사업에서 결론은 세 개뿐입니다. 파산, 상장, 매각밖에 없어요. 중요한 것은 어떻게 그 여정을 걸어왔느냐 아닐까요."

# 인생을 잘게 잘라
# 사용해라

벨스키는 인생을 어떻게 걸어야 할지 고민한 책, 《더 메시 미들》(The Messy Middle)을 씁니다. 우리말로 하면, 울퉁불퉁한 여정으로 의역할 수 있는데요. 그는 성공한 인생에 대해 "멀리서 바라보면 일직선이지만, 가까이서 보면 고점과 저점이 있는 파동이 치는 그래프"라고 묘사합니다. 인생은 들쭉날쭉하다 보니 항상 저점과 고점이 있는데요. 성공한 사람들은 저점과 고점을 모두 끌어올리는 전략으로 성공 기울기를 가파르게 만든다는 메시지입니다. 힘든 순간인 저점에서는 이를 물고 버티고, 고점에서는 성과를 장기간 유지하는 전략을 써야 한다고 강조합니다. 이를 위해 필요한 것은 인

### 중간단계

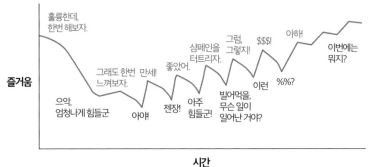

내심, 집중력, 긍정적 마인드 세 가지입니다.

이를 달성할 팁은 있습니다. 바로 삶을 즐길 수 있는 이벤트를 스스로 만들어 보는 것입니다. 인생은 울퉁불퉁한 길을 달리는, 매우 고단한 레이스입니다. 멀리서 결승선을 바라보면 잘 보이지 않습니다. 때문에 중간중간 작은 목표를 세울 필요가 있습니다. 달성할 때마다 스스로 축하하고 보상해 주면 어떨까요. 작은 성취를 이룰 때 좋아하는 음식을 아껴두었다 꺼내 먹거나, 아니면 자기 자신을 위한 선물도 좋습니다. 여기서 중요한 것은 성공에 익숙해지는 두뇌를 만드는 것입니다. 성공에 익숙해지다 보면, 두뇌는 이렇게 생각하기 시작합니다.

"다음 도전? 뭐가 또 있겠어? 난 할 수 있다고!"

다만, 주의해야 할 것이 하나 있습니다. 목표가 분산되면 성취가 어려워집니다. 기업을 예로 들어보겠습니다. 많은 기업이 처음에는 고객의 마음을 훔칠 제품을 만듭니다. 하지만 점점 욕심이 생깁니다. "더 많은 고객을 잡아야지." 제품에 갈수록 많은 기능이 추가됩니다. 너무 많은 기능에 고객들은 불편해하기 시작합니다. 벨스키는 이렇게 말합니다. "인생 역시 마찬가지입니다. 하나도 제대로 못하는데, 이것저것 손만 대면, 결국에는 모든 것을 못하게 될 거예요." 삶에 있어서 집중의 힘을 길러야 하는 이유입니다.

# 거리의 노숙자를
# 억만장자로 만든 힘

고단한 삶이지만 성공한 인물은 또 있습니다. 바로 존 폴 디조리아(John Paul DeJoria)입니다. 디조리아는 1944년 로스앤젤레스에서 태어나, 두 살 때 부모님이 이혼하는 아픔을 겪습니다. 아니 기억도 못했습니다. 엄마는 매일 같이 밤샘 일을 해야 했고, 어린 막냇동생은 주중에 위탁양육시설에서 살아야 했습니다. 안 해 본 일이 없습니다. 백과사전 판매원, 주유소 직원, 보험설계사로 여기저기 뛰어다닙니다. 대학은 가고 싶었지만, 근처에도 가 볼 수 없었습니다. 불행의 연속이었습니다. 스무 살 때 아내와 만났지만, 경제적 불화 문제로 헤어졌습니다. 주머니에 돈이 없었습니다. 그는 두 살 아들과 차에서 먹고 자는 생활을 합니다. 그는 아들을 뒷좌석에 눕히고 곰곰이 생각에 잠겼습니다. "아들을 위해 뭐든지 해야 한다." 그는 스물여섯에 가까스로 잡지사인 타임스지의 판매원으로 취업합니다.

"전화를 걸어 타임스지 구독을 권유하고, 구독을 갱신하도록 독려하는 일을 했어요. 하지만 아무리 돈이 좋더라도 이 일을 평생 할 자신이 없었어요."

디조리아는 상사를 찾아가 이런 말을 던집니다.

"사장이 되는 것은 어려울 것 같은데, 혹시 부사장이 되려면 어떻게 해야 하나요."

"뭐? 넌 이십대잖아. 대학도 안 나왔고, 서른다섯 살은 되고 다시 물어봐."

고난 속에서 인생의 굳은살이 단단히 배겼습니다. 영업에 자신이 붙은 겁니다. 디조리아는 로레알(L'Oreal)의 헤어 전문 브랜드인 레드켄(REDKEN)의 영업 담당자로 이직합니다. 잠재력이 터졌습니다. 6개월 만에 무려 하루 매출 1,000달러를 찍은 것입니다. 하지만 곧 해고됩니다. "회사에 실험용 원숭이가 있었는데요. 창문 없는 방에 우두커니 쇠사슬에 묶여 있어서, 불쌍했어요. 상사에게 '산책을 좀 시켜주면 안 될까요'라는 말을 꺼냈더니, 며칠 뒤 이상한 놈이라고 해고를 했네요."

또다시 실직의 아픔을 겪은 디조리아는 창업을 결심합니다. 1980년에 알고 지내던 미용사인 폴 미첼과 의기투합합니다. 목표한 자본금은 50만 달러. 하지만 경기가 악화되어 투자가 철회되며 현실은 현금 700달러뿐이었습니다. 두 번째 노숙자 생활을 합니다.

회사 이름은 두 사람의 이름을 따 존 폴 미첼 시스템즈(John Paul Mitchell Systems)로 정했습니다. 돈이 없다 보니 발로 뛰는 수밖에 없었습니다. 품질 좋은 헤어 케어 제품을 만들고, 미용실을 뛰어다니고, 미용사를 직접 교육하는 새로운 영업 기법이었습니다. 네, 그렇습니다. 한 사람 한 사람을 맞춤으로 대하는 퍼스널 마케팅(personal marketing)의 탄생을 알리는 순간이었습니다. 오늘날 그는 80개 이상 제품과 미용사 교육센터인 폴 미첼 스쿨 100곳을 운영하는 헤어 케어 업계의 거목이 됐습니다.

누군가가 그에게 이렇게 물었습니다. "어떻게 노숙자에서 억만장자가 될 수 있었나요?" 그는 이렇게 답했습니다. "외판원 일을 하다 보면, 고객의 면전에서 거절당하는 일을 수없이 겪습니다. 하지만 연습을 하다 보면, 고객이 거절하더라도 전혀 두렵지 않습니다. 전 늘 긍정적입니다. 우리 제품에 자신이 있거든요. 수십 년이 지났지만, 이 마음은 한결같습니다."

## 코치의 무덤에서 성공하는 비결

위인들은 매우 쉽게 성공한 것 같이 보이지만, 성공한다는 것은 대단히 어려운 일입니다. 미국에 있는 2,800만 개 기업 가운데 연간 100만 달러 이상 매출을 달성하는 기업은 고작 4%입니다. 또 연간 매출 5,000만 달러 이상인 곳은 고작 0.06%에 불과합니다. 한국도 예외는 아닙니다. 성공은 그만큼 힘든 여정입니다.

기억해야 할 것은 성공이 쭉 뻗은 일직선 그래프가 아니라는 사실입니다. 울퉁불퉁하고, 불연속적입니다. 고개처럼 고점과 저점이 있고 저점은 빠져나오기 힘들 만큼 어려운 늪지대와 같습니다. 발이 푹푹 들어가는 늪지대에 빠질 때면 두려움이 엄습하고 포기하는 사람들이 늘어납니다. 반면에 성공하는 사람은 생각이 다릅니다. 늪지대에서도 이렇게 생각합니다.

"나는 잘될 수밖에 없어."

울퉁불퉁한 인생길을 헤쳐나갈 수 있다는 긍정의 힘과 끝없이 벗어나려는 지구력이 없다면 오래 걸을 수 없습니다. '대학 농구 코치의 무덤'이라고 불린 프로비던스(Providence) 대학에는 전설의 코치가 한 명 있습니다. 바로 릭 피티노(Rick Pitino) 코치입니다. 그가 1985년 프로비던스를 맡았을 때만 하더라도, 성적이 무려 11승 20패인 만년 꼴찌팀이었습니다. 하지만 그는 2년 뒤 프로비던스를 4강에 진출시키는 기염을 토합니다. 명장 중의 명장입니다. 훗날 그는 꼴찌들의 대부라는 별명까지 얻습니다. 궁금했습니다.

한 기자가 피티노 코치를 향해 질문합니다. "우승 비결이 도대체 무엇인가요." 이런 대답이 돌아왔습니다. "전 하루 중 98%, 제가 하는 일에 긍정적입니다. 그리고 나머지 2%는 어떻게 하면 긍정적으로 될 수 있을까 궁리합니다." 울퉁불퉁한 여정을 주파하려면, 무엇보다 긍정의 힘이 필요합니다.

# 오늘 할 일을 당장 포기해라

"나는 7피트 장대를 넘으려 애쓰지 않는다.
내가 쉽게 넘을 수 있는 1피트의 장대를 찾는다."

– 워런 버핏(Warren Edward Buffett) –

우리는 정말 분주한 삶을 보냅니다. 제시간에 업무를 마치기 위해, 끝없는 학업을 마무리하기 위해, 누군가를 만나기 위해, 받은 이메일에 일일이 답장을 보내기 위해, 자녀를 등교시키기 위해 없는 시간마저 쪼개 쓰고 또 쪼개 씁니다. 분주하게 보내지 않으면 시간을 허투루 보냈다는 불안감이 어느새 엄습해 옵니다.

저 역시 방 곳곳에 메모장을 붙이고 할 일 목록(To do list)을 작성하고, 끝낸 일을 볼펜으로 쓱쓱 그으면서 하루하루를 보냅니다. 하지만 그래도 늘 일은 사라지지 않습니다. 그러다 문득 이런 생각이 밀려옵니다. "어떻게 알차게 하루를 보내야 할까?"

## 기계처럼 일한다고
## 생산성은 오르지 않는다

영국 기자 올리버 버크먼(Oliver Burkeman)은 《4,000주: 영원히 살 수 없는 우리 모두를 위한 시간 관리법》을 통해 이렇게 강조합니다. "만약 우리가 76세까지 산다고 한다면, 한평생 주어진 시간은 고작 4,000주에 그칩니다. 100세까지 산다고 하더라도 고작 5,357주입니다."

네, 그렇습니다. 유한한 삶을 사는 데는 지혜가 필요합니다.

무조건 바쁘게 하루를 보내면 된다고 생각할 텐데요. 전혀 그렇지 않습니다. 옛 소련의 효율적 생산을 위한 대규모 사회실험이 대표적 실패 사례입니다. 미국과 경쟁하던 소련은 미국의 과학적 관리법으로 유명한 프레데릭 윈즐로 테일러(Frederick Winslow Taylor)에 영감을 얻어 사회 곳곳에 과학 경영을 도입합니다. 1929년 스탈린의 수석 경제학자인 유리 라린(Yuri Larin)은 공장을 1년 내내 쉬지 않고 매일 가동하겠다는 원대한 목표를 세웁니다. 일주일을 주 7일에서 주 5일로 바꾸고, 노동자에게 5일에 하루를 휴가로 줬습니다. 그리고 나선 나라 전체를 5개 조로 나누고 5개 조가 하루씩 돌아가면서 쉬게 했습니다. 월요일은 1조, 화요일은 2조, 수요일은 3조로 말이죠.

국가 기간 시설의 혼잡은 줄어들고, 생산성은 늘어날 것이라고 믿었습니다. 하지만 소련 경제는 헛돌았습니다. 부부와 자녀들이 같은 날 앉아 휴식을 취하는 것이 불가능해지면서 불만이 폭증했고 결국 5개 조 시스템은 1940년 문을 닫게 됩니다. 기계처럼 일한다고 해서 효율이 오르지는 않습니다.

직장인이라면 한 번쯤은 이런 경험을 해 보았을 겁니다. 이메일에 빠르게 답장을 보내면, 더 많은 이메일을 받는다는 경험 말입니다. 원리는 간단합니다. 발신자는 여러 명한테 이메일을 보내기 때문에, 먼저 답장을 보내온 사람과 더 많은 이야기를 나누기 마련입니다. 이를 두고 효율성의 함정(efficiency trap)이자, 골대 이동 효과(goalpost-shift effect)라고 합니다. 골대 이동 효과란 2009년 덴마크의 한 축구 골키퍼가 불리할 때마다 남몰래 골대를 이동시킨 것에 유래한 용어입니다. 무작정 열심히 뛰기만 하면 골대가 이동해 불리해진다는 메시지입니다.

뚜렷한 목적지가 있고 그 목적지를 위해 달리는 것은 바람직합니다. 하지만 목표를 위해 하루 또 하루를 희생하는 삶을 살아선 안 됩니다. 일이 보람 없고 유익하지 않지만, 물질적인 보상만을 위해 매진할 수밖에 없다면 어떨까요. 우리에게 주어진 4,000주라는 시간은 점점 줄어듭니다. 특정 결과에 대해 보상만을 기대며 삶을 보내는 것을 '도구주의적 삶'이라고 합니다. 철학자 마르틴 하이데거(Martin Heidegger)는 자신의 존재를 문제 삼지 않고 세계의 다른 외적 존재들에게 자신의 존재를 내맡기고 살아가는 것을 가리켜 '퇴락'이라고 일침을 가했습니다. 공허함 속에 삶의 의미를 상한다고 말이죠.

포모(FOMO)라는 말을 혹시 들어보았나요. 탈락에 대한 두려움(fear of missing out)이라는 뜻인데요. 다른 사람들이 하는 일에 끼지 못하면 극심한 고립감을 느끼며 사는 것을 가리키는 단어입니다. "남들이 사니까 나도 사야 해." "남들이 여행을 가니 나도 가야 해." "남들은 자녀들을 좋은 학원에 보내니 우리 아이도 보내야 해"와 같은 문장 말이죠. 주변을 의식하고, 진정한 자신을 희생하면, 행복은 끝내 멀어집니다.

반면 조모(JOMO)라는 단어도 있습니다. 마케팅 전략가인 댄 허먼(Dan Herman)이 1996년 정립한 용어인데요. 탈락에 대한 행복(joy of missing out)이라는 뜻입니다. 남들 시선과 무관하게, 현재를 즐기고 순간에 집중하는 즐거움을 뜻합니다.

결국 인생에 집중해야 할 것은 나에게 주어진 4,000주를 어떻게 알차고 가치 있게 보내느냐로 귀결됩니다.

# 나에게 투자해야
# 행복해진다

버크먼은 가치 있는 삶을 위한 실천법으로 크게 두 가지를 제안합니다. 무엇보다 "나에게 먼저 투자하라"고 강조합니다. 남들을 만나 대화를 나누는 시간을 갖는 것처럼, 나를 만나는 시간을 확보해야 합니다. "열심히 일하고, 자녀를 잘 키우고, 어느 먼 미래에는 가질 수 있겠지"라고 생각을 할 텐데요. 나만의 오롯한 시간이 나에게 펼쳐진다는 보장은 없습니다. 따라서 오늘 스케줄에 자신과 만나는 시간을 메모할 필요가 있습니다. 30분 집중해 운동해도 좋고, 틈틈이 읽고 싶은 책을 읽으며 먼 미래의 그림을 그려도 좋습니다. 중요한 것은 나를 반추하는 시간을 갖는 것입니다.

두 번째는 수많은 일을 펼쳐서 벌리기보다는 끝낼 수 있는 일을 끝까지 하는 자세입니다. 저를 포함해 많은 분이 다양한 할 일 목록을 펼쳐놓고 이것저것 해 보다가 제대로 포기도 못 하고 미루고 미루는 습관이 있습니다. 하지만 미루는 것이 포기하는 것보다 못합니다. 딱 세 가지 일만 선택해서, 그중 하나를 끝까지 끝낼 때까지 다른 일을 하지 않아보면 어떨까요. 우리는 초능력자가 아닙니다.

투자 업계에는 전설의 투자자, 오마하의 현인 워런 버핏(Warren Buffett)에 얽힌 우화가 있습니다. 항공기 조종사가 개인재산 188조 원을 보유한 대부호 워런 버핏을 태우기 직전 들뜬 마음으로 질문을 하나 던집니다.

"선생님, 늘 너무 바쁘실 텐데 혹시 일의 우선순위를 어떻게 정하셔서 부자가 되셨나요."

워런 버핏이 답했습니다.

"인생에 있어 가장 원하고 희망하는 것 25개를 먼저 정해 보세요."

조종사가 다시 물었습니다.

"25개를 동시에 바로 실천하면 되나요."

버핏이 화를 냅니다.

"절대 아닙니다. 무슨 수를 써서라도 20개를 당장 버리세요!"

투자 업계의 우화인데요. 워런 버핏이 진짜 이렇게 말했는지 알 수 없습니다. 하지만 '중간 우선순위의 유혹'에 빠지지 않는 것이 성공의 길이었다는 메시지는 새겨들을 만합니다. 삶은 영원하지 않습니다. 인생은 단 한 번뿐이라는 자세로 하루를 살아야 합니다. 이를 위해 수많은 하고 싶었던 일들마저 용감하게 잘라낼 수 있는 법을 배우는 것이 중요합니다. 그래서 에너지를 쏟을 일을 선별하는 것이 지혜로운 삶입니다. 버크먼은 주어진 시간을 최대한 만끽하고 살기 위한 몇 가지 생활 팁을 제시합니다. 다음과 같습니다.

· **할 일 목록을 두 개로 만든다:** 목록을 '열린' 목록과 '닫힌' 목록으로 만드는 방법입니다. 할 일과 하고 싶은 일을 쭉 나열한 '열린' 목록을 적은 뒤, 이 중

에 중요한 10개만 '닫힌' 목록에 넣습니다. 할 일은 닫힌 목록에 있는 것들입니다. 따라서 내가 할 수 있는 것은 딱 10개가 됩니다. '닫힌' 목록에서 한 개를 해치운 뒤에야 다시 열린 목록에서 한 개를 '닫힌' 목록으로 이동하면서 일합니다.

· **업무 시간을 미리 정해둔다:** 업무를 할 시간을 미리 정해두는 것 역시 중요합니다. 특정한 일을 어떻게 해서든지, 2~6시 사이에 끝내겠다고 결심하면 그 시간에 해결하려고 노력하면 됩니다. 제시간 내에 끝내고 마무리 짓는 것 역시 훈련입니다.

· **끝낸 일을 메모한다:** 완성한 일을 메모해 둡니다. 다시 적는 이유는 일종의 보상과 같습니다. 성취한 일을 적다 보면 하루를 얼마나 건설적으로 보냈는지 느낄 수 있습니다. "나는 오늘 정말 잘 했어"와 같은 스스로를 위한 응원 메시지입니다.

· **스마트폰을 흑백으로 바꾼다:** 소셜네트워크를 삭제하고, 스마트폰을 흑백 모드로 전환하는 것도 방법입니다. 화면을 흑백으로 바꾼다고 해서 신기한 일이 벌어지는 것은 결코 아닙니다. 다만, 스스로 주변 환경을 통제하는 훈련을 하는 것입니다.

· **일상에서 새로움을 찾는다:** 무엇인가 새로운 일, 하고 싶은 일에 도전하는 것은 바람직합니다. 다만 자녀가 있거나, 직업이 있거나, 학교에 매여 있다면 새로운 도전을 쉽게 하기는 어렵습니다. 작은 도전은 때로 연습이 됩니다. 오늘만큼은 다른 길을 찾아 출근해 본다든지, 길가의 꽃과 새를 관찰한다든지, 일기를 쓰는 것으로 하루는 충만해질 수 있습니다.

· **아무것도 하지 않는다:** 시간을 잘 쓰기 위해서는 역설적으로 아무것도 하지 않는 상태를 몇 분이나마 갖는 것이 좋습니다. 주변 사람에게 말을 걸지 않고, 스마트폰을 만지지 않는 것만으로 있는 그대로의 시간을 느낄 수 있습니다.

## 세 시간 동안 한 작품을
## 감상해 본 적이 있는가

하버드대학 미술사 교수인 제니퍼 로버츠(Jennifer Roberts)는 학생들한테 이색 숙제를 내주는 것으로 유명합니다. 바로 지역 박물관에서 그림이나 조각 작품을 하나 선정해 3시간 동안 감상하는 숙제입니다. 이 시간 동안에는 스마트폰을 본다든지, 커피숍에 들르는 것도 금지됩니다. 3시간이라는 시간은 오늘날과 같은 효율성 시대에는 매우 끔찍한 시간일 수 있습니다. 미술관에 들르면 작품 하나에 사진 한 장 찍기 바쁜 우리들한테는 정말 길고 긴 시간일 겁니다. 하지만 이 숙제를 해 본 학생들은 매우 깊은 여운을 느꼈다고 합니다.

"3시간 동안 한 작품을 감상하는 일은 지금 선택한 작품이 아무리 지루한 작품이라고 하더라도 끝까지 3시간을 채워야 함을 깨닫게 도와준다. 만일 도중에 작품을 바꾼다면 처음부터 3시간 동안 작품을 감상하기 시작해야 하기에 …(중략)… 하지만 어느 순간 그

불편함이 사라졌다."

버크먼의 감상평입니다. 시간이 흐르고 흐르자, 어느덧 미술 작품 속에 있는 세 남자의 슬픔과 경계심이 두드러지게 보이고 느껴졌다고 합니다.

성공이 꼭 거대한 자신감을 실천하는 데 있지는 않습니다. 40대에 빌딩 부자가 되겠다거나, 회사를 때려치우고 원대한 기업을 일구겠다거나, 100만 유튜버가 되겠다는 꿈들 말이죠. 인생에서 무엇보다 필요한 것은 우리에게 주어진 시간이 고작 4,000주라는 사실과 이 시간 동안 인생을 한 번뿐인 생의 선물로 받아들이는 자세 아닐까 합니다. 순간순간을 음미하며, 하루를 충만히 사는 여러분을 진심으로 응원합니다.

# 거짓에 상처받지 않는 방법

"거짓의 대가는 무엇인가?
거짓을 진실로 착각하게 되는 것이 아니다.
진짜 거짓의 댓가란
거짓을 계속 듣다 보면 진실을 보는 눈을 잃는 것이다."

– 드라마 〈체르노빌〉 중에서 –

직장이란 무수히 많은 말들이 오가는 언어의 공간입니다. 승진하면 축하 인사말이, 몸이 아프면 위로의 말이, 프로젝트가 실패하면 격려의 말이 오갑니다. 하지만 꼭 진심 어린 좋은 말만 오가지 않습니다. 때론 시기 질투 비방과 같은 거짓말이 오갑니다. 이럴 때면 상처를 받고 좌절하기 쉽습니다. 특히 누군가를 음해하는 거짓말이 돌기 시작하면 걷잡을 수 없을 정도로 힘들어집니다. 상처를 입은 사람은 다시 상대방을 모욕하고, 팀워크는 바닥으로 치닫습니다. 악순환의 고리는 이어집니다.

우리는 무수히 많은 거짓말에 둘러싸여 있습니다. 때론 상대를 배려하는 좋은 뜻으로, 때론 위기의 순간을 모면하고자 거짓말이 튀어나옵니다. 우리는 이런 거짓말에 어떻게 대응해야 할까요. 어떻게 하면 상처받지 않을까요. 동물의 세계를 먼저 살펴보겠습니다.

## 동물도 위인도
## 별별 거짓말을 한다

거짓말은 인간만이 하는 것은 아닙니다. 그 종류도 너무 다양합니다.

때로는 누군가를 살리기 위한 것이기도 합니다. 예를 들어 보겠습니다. 국립호주대, 케임브리지대, 헬싱키대가 공동으로 진행한 연구에 따르면, 갈색 가시지빠귀(Acanthiza pusilla)는 새끼를 보호하기 위해 거짓 소리를 냅니다. 피리 부엉이가 새끼를 공격하려고 하면, 어미 새는 참매 소리를 흉내 내 부엉이를 쫓아냅니다. 부엉이가 잠시 놀란 틈을 타, 새끼들을 둥지 밖으로 빼내기 위한 행동입니다.

연구진은 추가 실험을 합니다. "도움을 요청하는 아기 새의 울음소리를 녹음해 들려주면 어떨까." 어미 새는 역시 순식간에 매의 소리를 흉내 냈습니다. 어미 새의 거짓 소리는 효과가 뚜렷했습니다. 어미 새 소리를 녹음해 까마귀 열여덟 마리에 들려주자, 모두 거짓말에 속아 도망쳤습니다. 이뿐 아닙니다.

예루살렘 히브리대학 교수인 유발 하라리(Yuval Noah Harari)는 《사피엔스》를 통해 원숭이의 거짓말을 이렇게 설명합니다.

"사자가 나타났다." 갑자기 원숭이 한 마리가 소리를 내자, 동료 원숭이들은 혼비백산해 도망갔습니다. 기다렸다는 듯이 소리를 지른 원숭이는 잽싸게 앞으로 달려가 누군가가 놓고 떠난 바나나를 낚아채 먹습니다. 그렇습니다. 언어도 없는 동물의 세계에서도 거짓은 존재합니다. 누군가가 거짓말을 했다고 해서, 상처를 받아서는 안 되는 가장 큰 이유입니다.

거짓말은 동물뿐 아니라 위인들도 합니다. 세상을 뒤바꾼 최고 경영자(CEO)들 역시 위기를 기회로 만들고자 적극적으로 거짓말을 했습니다. 톰 필립스(Tom Phillips)가 저술한 《진실의 흑역사》에는 세 가지 사례가 나옵니다.

마이크로소프트가 탄생한 데는 빌 게이츠의 거짓말이 크게 한몫했습니다. 게이츠는 1975년 중학교 때부터 알고 지낸 폴 앨런(Paul Allen)과 이런저런 사업구상을 했습니다. 이들은 머지않은 미래에 소프트웨어 값이 PC 값을 앞지를 것으로 예상했습니다. 그리고 게이츠는 세계 첫 PC로 알려진 알테어(Altair) 사장인 에드 로버츠(Edward V. Roberts)의 관심을 떠보기 위해 무작정 전화를 걸어 거짓말을 했습니다. "알테어에서 구동되는 소프트웨어를 만들어놓은 게 있어요." 알테어 사장은 감탄하면서 이렇게 말했습니다. "당장 와서, 시연해 줄래?" 하지만 개발했다는 말은 거짓이었습니다. 둘은 밤을 새워 두 달간 소프트웨어를 만들었습니다. 심지어 테스트도 못 한 채 시연을 합니다. 시연은 기적과 같이 성공을 거둡니다.

아이폰 탄생 역시 마찬가지입니다. 스티브 잡스(Steve Jobs)가 처음으로 아이폰을 소개한 것은 2007년이었습니다. 샌프란시스코의 모스코니 컨벤션 센터를 가득 메운 열광적인 관객 앞에서 선 잡스. 그는 이 앱 저 앱을 마음대로 자유롭게 실행하며, 아이폰의 획기적인 성능과 사용성을 뽐냈습니다. 하지만 현실은 이 발표에 수많은 트릭과 거짓말이 있었습니다. 정확히 짜인 순서에 따라 한 치의 어긋남 없이 기기를 조작했을 뿐입니다. 특히 아이폰은 인터넷 송수신이 매우 불안정해, AT&T에서 이동형 기지국까지 임대해 왔으며 신호 강도는 항상 가득차게 꾸며 놓았습니다. 또 메모리는 128MB에 불과해, 멀티 태스킹을 하면 먹통이 됐습니다. 잡스는 먹통 사태에 대비하고자 여러 대의 아이폰을 연단에 숨겨뒀습니다.

이런 거짓말이 언제나 성공을 거두는 것은 아닙니다. 기업 가치 100억 달러로 평가받았던 생명공학 벤처기업 테라노스는 한순간에 몰락했습니다. 창업자 엘리자베스 홈즈(Elizabeth Holmes)는 2014

년 극소량의 혈액만으로 무려 250종에 달하는 질병을 진단하는 '에디슨'을 공개했습니다. 이 발표로 그는 바이오 업계에서 일약 스타가 됩니다. 하지만 실제로 진단할 수 있는 것은 16종에 불과했습니다. 물론 이것도 대단한 것은 맞습니다. 하지만 홈즈는 실리콘밸리 역사상 최악의 사기꾼이라는 지탄을 받으며 추락했습니다. 그리고 현재는 텍사스주 브라이언 교도소에 수감돼 있습니다.

## 거짓말에
## 상처받지 마라

거짓말은 사실 없어질 수 없습니다. 누군가의 거짓말에 상처받고 좌절하지 말아야 할 이유입니다. 거짓말은 우리 주변 도처에 있습니다. 문제는 때로 무엇이 진실이고 무엇이 거짓인지 분간하기 매우 어렵다는 점입니다. 하버드대학 비즈니스스쿨의 레슬리 존(Leslie K. John) 교수에 따르면, 사람이 거짓말을 구별해 낼 수 있는 확률은 54%에 그친다고 했습니다.

왜 우리는 거짓말을 할까요. 자기가 저지른 잘못을 숨기기 위해, 자신의 나약함을 감추기 위해, 진실을 말하면 상대가 곤란해 할까 봐, 타인의 감정을 상하게 안 하려고, 남을 해코지하려고, 잘나 보이고 싶어서, 누군가를 웃기려고, 그 이유는 많습니다. 그래서 거짓에는 색깔이 있습니다.

· **하얀 거짓말:** 남을 배려하기 위한 선의의 거짓말입니다.

"어쩜 입은 옷이 너무 잘 어울려!"

(진실: 내가 진실을 말하면 상처받겠지?)

· **검정 거짓말:** 자신의 잘못을 덮기 위한 거짓말입니다.

"전 그 프로젝트에 절대 관여하지 않았습니다."

(진실: 프로젝트를 다른 팀원에게 미뤘을 뿐입니다.)

· **새빨간 거짓말:** 진실이 전혀 없는 완벽한 거짓말입니다.

"몸이 너무 아파서, 병가를 써야 할 것 같아요."

(진실: 사실은 과음으로 잠이 부족합니다.)

· **빨간 거짓말:** 뻔한 거짓말입니다.

"차가 막혀 지각할 것 같아요."

(진실: 차 막힌 것은 사실입니다만, 늦게 나왔습니다.)

· **노란 거짓말:** 아이들이 하는 귀여운 거짓말입니다.

"사탕 먹었냐고요? 책상 위에 있는 사탕은 보지도 못했어요."

(진실: 사탕을 먹었겠죠?)

· **분홍 거짓말:** 연인 사이에 하는 거짓말입니다.

"자기가 만들어 준 초콜릿이 세상에서 가장 예쁘고 맛있어!"

(진실: 유명 고급 초콜릿이 더 맛있지요)

· **녹색 거짓말:** 좋은 세상을 만들겠다고 포장된 거짓말입니다.

"환경을 생각한다면 에코백을 장만하세요."

(진실: 실제로는 에코백을 자주 사면, 비닐봉지보다 유해합니다.)

· **파란 거짓말:** 자신이 속한 집단의 이익을 위해 하는 거짓말입니다.

"100% 무농약 농산물입니다."

(진실: 무농약은 맞습니다. 다만, 아직 인증은 못 받았고, 화학비료는 많이 뿌렸습니다.)


## 입에 발린 칭찬은
## 인간관계 꿀팁


철학에는 거짓말쟁이 역설이란 것이 있습니다. 다음 문장을 보면 어떤 생각이 드나요. "전 지금 거짓말을 하고 있습니다!" 해석은 크게 세 개입니다. "그럼 지금 이 발언도 거짓말이네", "거짓말을 하고 있는 것이 거짓이면, 발언이 진실인가", "아냐. 이게 솔직한 거면 결국 거짓말이네." 해당 문장은 훗날 쿠르트 괴델(Kurt Gödel)이 불완전성 정리를 정립하면서 해결이 됐습니다. 결론은 "모순 없는 수학 체계에는 반드시 증명할 수 없는 명제가 하나 이상이 존재한다"인데요.

그만큼 무엇이 참이고 무엇이 거짓인지를 판별하기 쉽지 않다는 메시지입니다. 때문에 결국 타인의 거짓말에 집착하고 상처를 받기보다는, 어떤 태도로 살아가는지가 더 중요합니다.

우리는 거짓 아첨을 좋아합니다. 미국 철학자 로버트 노직 (Robert Nozick)은 이런 사고 실험을 합니다. 커다란 경험 기계가 있습니다. 기계에 들어가면 온갖 환상이 펼쳐집니다. 즐거운 일만 가득하고, 맛있는 음식을 먹을 수 있고, 멋진 옷을 입을 수 있습니다. 이곳에선 평생 원하는 것은 무엇이든 경험할 수 있습니다. 경험 기계는 진실을 가리고 행복을 줍니다.

한참 가상현실을 즐기던 찰나, 누구보다 친한 친구가 다가와 코드를 뽑아 버립니다. 그리고 이렇게 소리를 지릅니다. "정신 차려, 다 거짓말이야." 기분이 어떨 것 같나요. 프랑스 작가인 프랑수아 드 라 로슈푸코(François de La Rochefoucauld)는 이렇게 설명합니다.

"입에 발린 칭찬보다, 유용한 비판을 좋아하는 사람은 드물다."

우리는 도대체 어떻게 살아야 할까요.

임마누엘 칸트(Immanuel Kant)는 조건이나 결과에 상관없이, 행동 자체가 선할 수밖에 없는 기준을 만들고 힘쓴 철학자였습니다. 그가 제시한 해답은 정언 명령(Kategorischer Imperativ)에 따르는 삶입니다. 쉽게 풀면 이렇습니다. "네가 만든 기준(준칙)에 따라 행동하고 살아라. 중요한 것은 그 기준은 네 의지대로 만든 것이어야 하며, 모든 이가 보편적으로 따를 만해야한다."

정언 명령을 오늘날 현실에 빗대 풀어 보겠습니다. 만약 어떤 직장 동료가 다음과 같은 생각(준칙)을 갖고 있다고 해 보겠습니다. "나한테 유리한 거짓말은 마음껏 해도 된다." 그리고 모두가 이 기준을 따르면 어떻게 될까요. 서로서로 거짓말을 하면, 아무도 서로를 믿지 않고, 결국 그 거짓말 자체가 통하지 않을 겁니다. 결국 나한테 유리한 거짓말은 존재하지 않게 됩니다. 칸트의 정언 명령을 대할 때면, 숫타니파타(Sutta Nipata) 한 구절이 떠오릅니다. "탐내지 말고 속이지 말며 갈망하지 말고, 남의 덕을 가리지도 말라. …(중략)…무소의 뿔처럼 혼자서 가라." 누군가의 거짓에 상처받지 않고 모두가 받아들일 수 있는 선한 행동을 해나가는 것이 중요하다는 메시지입니다. 그렇다고 해서 아무런 대응을 하지 말라는 뜻은 아닙니다.

이사카와 히로코(石川博子)가 저술한 《몬스터 직원 대처법》에 따르면, 유형별로 수많은 대응 방법이 있습니다.

우선 해야 할 일은 대상자를 관찰하는 것입니다. 만약 누군가의 거짓말로 팀워크가 망가질 정도라면, 먼저 명확한 증거를 확보해야 합니다. 소문만으로 특정인을 비판하고 낙인지어선 안 됩니다. 자칫 모든 신뢰가 깨질 수 있습니다. 관찰 결과가 누군가를 해하는 거짓이 맞는다면 회사가 마련한 규정을 따라야 합니다.

또 너무나 억울해해 누군가를 비방하는 직원이 있다면 한 번쯤 말을 들어줄 필요가 있습니다. 이들은 상처 때문에 인정에 대한 욕구가 큽니다. "난 이렇게 열심히 하는데 인정을 안 해준다. 쟤들만 왜 우대하느냐." 상처받은 영혼은 잘 들어주는 것만으로도, 작은 변화를 만들 수 있습니다.

입장을 바꿔 생각해 보는 것도 필요합니다. 거짓말을 통해 거짓말한 동료가 무엇을 얻을 수 있는지, 거짓말이 들통나면 무엇을 잃게 되는지, 또 나에게는 어떤 결과가 미칠지도 생각해 봐야 합니다. 거짓말한 동료를 주변에 폭로했을 때, 이를 감당할 자신이 있어야 합니다. 거절을 하는 훈련도 필요합니다. "내가 정말 바빠서 그런데, 이 일 좀 네가 대신해줄 수 있어?" 하고 습관적으로 떠넘기는 동료한테는 솔직하고 단호하게 말하는 것이 중요합니다. 한 번 거짓말에 넘어가면 또 거짓말로 업무를 떠넘기기 때문입니다.

우리는 거짓말에 둘러싸여 살 수밖에 없는 존재입니다. 또 거짓을 없애기도 어렵습니다. 분위기를 위해선 좋은 인상만 심어주려는 가식(pretence)도 필요합니다. 하지만 가식이 지나치면 겉모습만 치장하는 위선(dissimulation)이 되고, 위선이 지나치면 남을 속일 목적으로 거짓을 전달하는 기만(deception)이 됩니다. 기만은 결국 팀워크를 망가뜨립니다. 무너진 신뢰를 다시 회복할 수 있는 방법은 상대방 입장에서 바라보는 상호주의입니다. 영국 사우샘프턴대학의 콘스탄틴 세디키데스(Constantine Sedikides) 교수는 서로서로 이해도가 높았을 때, 거짓말이 줄어드는 현상을 발견했습니다. 누구나 자신이 너무나 잘 아는 사람에 대해선 거짓을 하려고 하지 않습니다.

살면서 대인 관계에서 가장 중요한 것은 진심이 아닐까 합니다. "도대체 일을 왜 이따위로 합니까"라는 말보다, "오늘은 정말 도움이 됐습니다. 다음에는 더 부탁드립니다"라는 말을 해 보면 어떨까요. 미국 작가인 클라이브 스테이플스 루이스(Clive Staples Lewis)는 이런 명언을 남겼습니다. "아니 너도 그래? 나만 이렇게 생각하는 줄 알았는데 …(중략)… 말하는 순간 우정이 샘솟게 된다."

우리가 누군가가 한 거짓말에 상처받지 않으면서도, 상대방을 진심으로 대해야 하는 이유입니다.

# 상대방의 마음을 사로잡아라

"성공의 비결이 하나 있다면
그건 바로 상대방의 관점을 이해하고
내 관점 외에도
상대방의 관점에서 바라보는 능력이다."

– 헨리 포드(Henry Ford) –

살면서 정말 어렵고 힘든 것 중 하나로 '인간관계'를 꼽을 수 있습니다. 대부분 사람은 다른 사람의 도움 없이는 살 수 없는 존재인데요. 그렇다 보니 깨어 있는 시간 상당수를 다른 사람과 이야기하고 소통하는 데 사용합니다. 심지어 소프트웨어 개발자마저 근무시간 중 80%는 개발이 아닌, 커뮤니케이션에 쓴다는 이야기가 있습니다. 그만큼 소통은 누군가를 이끌거나 상대방에게서 원하는 것을 얻기 위해서 반드시 필요한 스킬입니다.

데일 카네기(Dale Carnegie)는 1936년, 책 《인간관계론》을 통해 소통과 설득의 원칙을 집대성했는데요. 상대방에게 원하는 것을 얻을 수 있는 세 가지 원칙을 전해드리겠습니다.

## 나는 나를 가장 사랑한다, 다른 사람도 그래

누군가를 설득하는 데 있어 가장 중요한 첫째 조건은 무엇일까요. 세상에서 내가 가장 사랑하는 사람은 바로 '나'라는 매우 단순한 사실을 이해하는 겁니다.

일반인부터 악당에 이르기까지 모든 사람은 자신을 가장 사랑합니다. 예를 하나 들어보겠습니다. 1931년 뉴욕에서 역사상 가장 큰 화제를 불러일으킨 범인 검거 작전이 펼쳐졌습니다. 150명에 달하는 경찰관과 형사들이 꼭대기 층에 있는 은행 강도 '쌍권총 크로울리(Two Gun Crowley)'를 잡으려고 포위망을 형성했습니다. 크로울리는 총을 꺼내 총탄 세례를 퍼부어 경찰관을 쓰러트렸습니다. 그는 경찰이 쓰러졌는데도 총알을 발사할 정도로 잔악무도했습니다. 하지만 그는 이렇게 외쳤습니다. "내 옷 안에는 피곤하고 지친 심장이 있다. 하지만 그 심장은 따뜻하다. 어떤 사람에게도 해를 끼치지 않고자 하는 심장이다."

연쇄 살인범인 크로울리는 전기의자에서 생을 마감했는데요. 마지막에 그는 이렇게 읊조렸습니다. "나 자신을 지키려 했던 대가가 이거로군."

1920년대 폭탄 테러로 100여 명을 사망케 한 전설의 악당 알 카포네(Al Capone) 역시 이런 말을 즐겨 했습니다. "나는 인생에서 가장 소중한 시절을 사람들에게 소소한 즐거움을 주는 데 바쳤다. 사람들이 즐길 수 있도록 도왔다. 하지만 그 대가로 내가 받은 것은 비난이다. 범죄자라는 낙인이 찍힌 삶이었다."

모든 사람은 자기 자신을 사랑합니다. 위인들도 마찬가지입니다. 조지 워싱턴(George Washington)은 사람들이 '미국 대통령 각하'라고 불러주길 바랐고, 크리스토퍼 콜럼버스(Christopher Columbus) 역시 '해군 제독이자 인도의 총독'이라는 칭호를 달라고 애원했습니다. 러시아 제국의 예카테리나 2세(Catherine II of Russia)는 '여왕 폐하'라고 적혀 있지 않은 편지는 열어보지도 않았다고 합니다.

미국의 실용주의 철학자 존 듀이(John Dewey)는 말했습니다. 인간 본성의 가장 깊은 충동은 중요한 사람이 되고픈 욕망이라고 말입니다. 네 그렇습니다. 누군가를 설득하기 위한 가장 먼저 알아야 할 사실, 그것은 바로 '내가 가장 사랑하는 사람은 바로 나'라는 사실입니다.

누군가에게서 무엇인가를 얻고자 한다면 결코 그 사람을 훈계

해서는 안 됩니다. 그가 얼마나 중요한지, 그가 얼마나 존경받을 만한지를 상기시켜준다면 어떨까요. 비즈니스 파트너도, 고객도, 제자들도 마찬가지입니다. 광고 마케팅의 개척자이자 자신의 이름을 딴 백화점을 세운 존 워너메이커(John Wanamaker)는 고백합니다. "나는 이미 30년 전부터 남을 꾸짖는 게 얼마나 어리석은지 깨달았습니다. 내가 가진 한계를 극복하려 애쓰느라 하느님이 지능이라는 선물을 공평하게 나누어주지 않으셨다는 사실에 투덜거릴 시간 따위는 없었지요."

## 물건을 팔지 마라,
## 사게 하라

"물건을 팔지 말고, 사게 만들어라"는 영업에서 쓰이는 전통적인 격언인데요. 다소 난해한 구호라 몇 가지 사례를 들어보겠습니다. 강철왕 앤드루 카네기(Andrew Carnegie)는 사촌 동생과 이야기를 나누다, 사촌 동생으로부터 속상하다는 토로를 듣습니다. 그가 자기 아들한테 편지를 보냈는데, 바빠서인지 답장을 안 보낸다는 푸념이었습니다. 둘 사이에 이런 대화가 오갔습니다.

카네기가 말했습니다.

"내가 보내면 바로 답장이 올 텐데, 내기를 할 텐가? 이기는 사람이 100달러 갖는 것이 어떤가? 내가 답장을 못 받으면 100달러를 내고, 만약 답장을 받으면 100달러를 나에게 줌세."

"아버지가 아들한테 보내도 답장이 안 오는데 형님이 보낸다고 별수 있을까요? 뭐, 그렇게 하시죠."

카네기는 곧 편지를 썼습니다. 내용은 온통 칭찬 일색이었습니다.

'사랑하는 조카, 잘 지내나? 오랜만에 편지를 보내는구나. 아버지를 통해 조카의 활약상을 잘 듣고 있구나. …(중략)… 너무 기쁜 나머지 5달러를 편지에 동봉해 보낸다. - 카네기로부터'

하지만 카네기는 5달러를 동봉하지 않고 편지만 부쳤습니다. 그리고 며칠 후 카네기는 조카로부터 한 통의 답장을 받았습니다.

"존경하는 카네기 삼촌, 전 잘 지내고 있습니다. 편지 내용 감사했습니다. …(중략)… P.S. 보내주신 편지에 5달러를 동봉하셨다고 하는데 5달러가 안 들어가 있네요."

내기에 이긴 카네기는 사촌 동생으로부터 100달러를 받아, 이 가운데 5달러를 빼내 조카한테 편지로 부쳤습니다. 누군가를 움직이려면 누군가가 원하는 무엇인가를 주어야 한다는 강렬한 메시지입니다. 이런 사례는 또 있습니다.

19세기 미국의 시인이자 사상가인 랠프 월도 에머슨(Ralph Waldo Emerson)의 이야기입니다. 그는 아들과 함께 송아지를 축사에 집어넣으려고 끙끙대고 있었습니다. 들판에 뛰어노는 송아지를 축사로 집어넣는 것은 보통 일이 아니었습니다. 에머슨이 송아지를 뒤에서 밀고, 그의 아들이 앞에서 당기고 있었습니다. 이때 그것을 본 이웃 집 사람이 혀를 끌끌 차면서 다가왔습니다. "송아지가 원하는 것을 줘야죠."

그러면서 그 여주인은 송아지 입에 자신의 엄지손가락을 쑥 하고 넣었습니다. 송아지는 엄지손가락을 쪽쪽 빠는데 정신이 팔려서 인지, 어느새 축사로 발걸음을 옮겼습니다.

누군가를 설득하고자 한다면, 원하는 것을 먼저 보여주어야 한다는 메시지입니다. 배우자가 금연하기 바란다면 담배를 끊으라는 잔소리보다, 담배를 계속 피우면 원했던 운동팀에 못 들어갈 거라고 말하는 게 더 설득력 있습니다. 누군가를 비판하거나 편잔을 주거나 험담과 잔소리를 해도 상대방은 잘 움직이지 않습니다. 꿀을 얻고자 벌통을 차는 사람은 바보입니다.

## NO를 못 하게 하라
## YES를 하게 하라

해리 오버스트릿(Overstreet Harry) UC버클리대학 교수는 《인간의 행위를 지배하는 힘》에서 상대방에게 무엇인가를 물었을 때 "아니요"라는 답변을 받는다면 매우 불길한 징조라고 설명합니다. 누군가가 "아니요"라고 말한 순간 어떤 상황이 펼쳐질까요. 그의 자존심은 마법처럼 그가 일관성 있는 사람이 되도록 요구합니다.

때문에 누군가를 설득하고자 한다면 상대방이 '네'를 먼저 말하도록 유도해야 한다고 합니다. 이런 '네'를 유도하는 설득의 기법은 특정 종교의 선교 방식에서도 확인할 수 있습니다. 예를 들어 이런 질문이 대표적입니다.

"안녕하세요. 직장인이시죠."

"네 맞는데요."

"이 근처에 다니시나 봐요."

"네 맞는데요."

"인상이 참 좋으시네요."

"네 맞는데….!?"

누군가를 설득해야 할 때, 그 사람과 견해가 다른 부분부터 이야기를 꺼내서는 안 됩니다. 상대방과 여러분이 동의하고 있는 부분을 먼저 강조해야 합니다. 당신과 상대방이 같은 목적을 추구하고 있으며, 단지 방법이 다를 뿐이라는 점을 계속 강조하는 것이 중요합니다.

대표적인 인물이 있습니다. 에드워드 하우스(Edward M. House) 대령입니다. 그는 미국의 28대 대통령 우드로 윌슨(Woodrow Wilson)의 재임 기간 중 대통령에 가장 큰 영향력을 행세한 백악관의 실세로 꼽힌 인물입니다. 장군도 아닌 그가 대통령한테 큰 영향력을 행세할 수 있었던 배경이 바로 이 지점입니다. "예스" 화법을 이용한 것입니다. 그는 대통령의 생각을 바꾸는 데 능수능란했습니다. 대통령이 관심을 가질 수 있는 생각을 무의식중에 머리에 심어 놓고자 평상시 여러 질문을 던졌던 것입니다. 하우스 대령은 이렇게 말했습니다.

"정말 우연히 이 방법이 효과가 있다는 걸 알게 됐습니다. 대통령께 어떤 정책에 대해 조언을 드렸는데, 보기에는 마뜩잖게 생각하시는 것처럼 보였는데요. 하지만 며칠 후, 저녁 테이블에서 제 제안을 마치 자신의 생각처럼 꺼내시더군요. 깜짝 놀랐습니다."

소크라테스는 특유의 문답법을 사용했습니다. 소크라테스의 대화법(Socratic method)은 상대방에게 일장 연설을 하는 것이 아니라, 거듭된 질문을 통해 상대방이 스스로 "예스"를 외치도록 하는 설득 방법입니다. 소크라테스는 상대방이 동의할 수밖에 없는 질문을 던졌습니다. 그리곤 계속해서 끝없이 많은 동의를 이끌었습니다. 그것이 수많은 제자를 거느릴 수 있었던 비결입니다.

하지만 이런 방법에 꿈쩍 않는 사람이 있을 수 있습니다. 이럴 때는 '간접 지적법'이 탁월합니다. 간접적으로 자신의 뜻을 천천히 전달하는 방법입니다. 예를 들어, 필라델피아의 〈이브닝 불리틴〉 (Evening Bulletin)은 악의적 소문으로 위기에 직면했습니다. 사람들은 "광고가 너무 많고 뉴스는 적은 비싼 신문"이라고 손가락질했습니다. 하지만 신문사는 이를 맞받아치지 않았습니다. 대신 《원 데이》(One Day)라는 책을 발간합니다. 하루 신문에서 광고를 빼고 기사만 넣은 책 형식을 빌린 신문이었습니다. 책은 총 307페이지에 달했지만, 가격은 신문 한 부와 같은 2센트였습니다. "이 정도 분량이면 2달러는 받아야겠지만, 당신들은 10분의 1 가격에 정보를 얻고 있다"는 우회적 비판이었습니다. 신문사는 한 번의 이벤트로 중상모략에서 벗어날 수 있었습니다.

US스틸 초대 회장을 지낸 찰스 슈왑(Charles Schwab) 역시 '간접 지적법'의 달인이었습니다. 그는 한 공장을 시찰하다 충분한 생산량을 전혀 달성하지 못하고 있는 상황을 목격합니다. 슈왑은 공장장을 불러 그 이유를 물었습니다.

"직원들에게 욕도 하고, 비난도 하고, 해고하겠다는 위협도 해봤지만 그다지 효과가 없었습니다."

그 말을 들은 슈왑은 분필을 갖고 오더니 이렇게 물었습니다.

"주간 근무조는 하루에 주물을 몇 번 녹였죠?"

"총 여섯 번입니다."

슈왑은 한마디도 안 하고, 6이란 숫자를 바닥에 크게 쓰곤 가버렸습니다. 이를 본 야간 근무조는 주간 근무조에게 6이 무엇이냐고 물었습니다.

"오늘 사장님이 오셨는데, 주조물을 몇 번 녹였는지 물으시더라고요. 제가 여섯 번이라고 말씀드렸더니, 저렇게 바닥에 쓰고 가셨어요."

그러자 야간 근무조는 6이라는 숫자를 지우고 그 자리에 7이라는 숫자를 써놓았습니다. 이 일이 반복되면서 숫자는 7에서 8로, 8에서 9로, 9에서 10으로 점점 늘어났습니다.

꿈쩍 않던 근로자의 마음을 사로잡은 비결은 멀리 있지 않았습니다. 슈왑은 이렇게 말했습니다.

"누군가를 움직이고자 반드시 욕할 필요는 없습니다. 때로는 경쟁심 자극만으로 충분합니다. 누가 돈을 더 많이 버는가 하는 추잡한 경쟁이 아닙니다. 다른 사람보다 더 뛰어나고자 하는 욕망, 그게 경쟁심입니다."

링컨은 이런 말을 남겼습니다.

"벌꿀 한 방울에 한 통의 쓸개즙보다 더 많은 파리가 꼬인다. 사람도 마찬가지다. 누군가를 당신 생각에 동의하게 만들려고 한다면, 먼저 당신이 진정한 친구라는 확신을 주어야 한다. 그것이 바로 그의 마음을 사로잡는 벌꿀 한 방울이다."

누군가를 설득하고 누군가를 움직이려면 '진심을 다해 상대방에 다가서려는 자세'가 필요하지 않을까 합니다.

업무 노하우

# 일잘러가
# 일하는 법

# 성과의 80은
# 몰입하는 20에서 나온다

"필요한 것이라곤
한 잔의 차와 조명 그리고 음악뿐.
내가 반복해서 외우는 주문은
'집중과 단순함'이다."

– 스티브 잡스(Steven Jobs) –

황금 같은 토요일과 일요일이 끝나면, 어김없이 월요일이 돌아
옵니다. 월요일에 적응이 안 돼 힘들어하는 분들이 정말 많은데요.
그래서 이를 월요병(Monday Blues)이라고 합니다. 월요병을 극복하
는 꿀팁 하나 알려 드릴까요.

"일요일에도 일하면 쉽게 적응할 수 있습니다."

농담입니다. 진짜 방법은 따로 있어요. 삶에서 비효율은 과감히
덜어내고, 정말 효율적으로 일하며, 더 많은 시간을 확보하는 방법

이 있습니다.

하루를 곰곰이 관찰해보면 사실 몰입하는 시간은 많지 않습니다. 예를 들어, 몰입하는 시간은 집중해 보고서를 쓰거나, 회의에 참석해 발표하거나, 아니면 상사로부터 직접 피드백을 받거나, 진짜 고객과 이메일을 주고받는 업무 같은 것 정도죠. 몰입이 필요 없는 시간도 있습니다. 이런 생각을 한 것은 저뿐만은 아닙니다.

## 몰입하는 시간 20%가
## 성과의 80%를 지배한다

19세기 이탈리아 경제학자인 빌프레도 파레토(Vilfredo Pareto)는 정원에서 무럭무럭 자라는 콩을 보고 있었습니다. 그리고 콩깍지를 까보니 놀라운 사실을 하나 발견합니다. "잘 여문 콩깍지에 있는 콩은 튼실하고, 그렇지 않은 콩깍지는 부실하네."

당연한 발견이지만, 파레토는 이를 통계적으로 분석했습니다. 그리고 잘 여문 콩깍지에 있는 콩이, 콩 산출량의 절대다수를 차지한다는 사실을 간파합니다. 곧 이 법칙이 경제에서도 작동하는지 살핍니다. 그 결과 이탈리아 인구 20%가 땅의 80%를 소유하고 있다는 사실을 찾아냅니다.

네 맞습니다. 그 유명한, 세상은 8대2 원리가 지배한다는, 파레

토의 법칙(Pareto Principle)입니다. 이 원리는 미국 품질 혁명의 창시자인 조셉 주란(Joseph M. Juran)이 채용하면서 널리 널리 전파됩니다. 다른 말로 하면, 파레토 분포를 따른다, 원인 20%가 결과 80%를 만든다, 20:80의 법칙, 2대 8의 법칙, 8대 2의 법칙이라고도 합니다. 이런 법칙은 우리 세상에서 흔히 발견됩니다. "전체 고객 중 20%가 매출 80%를 만든다." "불만 품은 고객 20%가 험담 80%를 만든다." "우수한 직원 20%가 성과 80%를 만든다." "내가 한 일 20%가, 성과에서 80%를 차지한다." 등 입니다.

이 법칙은 우리 언어생활에서도 나타납니다. 언어학자 조지 킹슬리 지프(George Kingsley Zipf)는 미국인들이 가장 많이 쓰는 단어를 골라냈습니다. 그리고 발견한 것이 1위가 더(the), 2위가 오브(of), 3위가 앤드(and), 4위가 투(to)로 나타났습니다. 즉 우리가 쓰는 수많은 단어 중에서 자주 쓰는 용어는 매우 제한돼 있다는 이론입니다. 일명 지프의 법칙(Zipf's law)입니다.

컨설턴트인 리처드 코치(Richard Koch)는 본인의 책 《80/20 법칙》을 통해 이렇게 강조합니다. "근무 시간 중 20%를 어떻게 활용하느냐에 따라 성과 80%가 좌우된다."

하루 전체를 100%로 전력투구하기보다, 여러분이 찾아낸 몰입하는 시간 딱 20%를 효과적으로 쓴다면 어떨까요. 20% 시간을 정말 알뜰하고 살뜰하게 쓴다면 효율은 배가 될 것이라 확신합니다.

# 몰입의 3단계: 차단하고, 집중하며, 마감을 설정하라

가장 먼저 해야 할 일은 스스로 언제 집중하는지 생체 시간표를 알아내는 것입니다. 나는 언제 가장 몰입을 잘할 수 있나요. 아침형 인간인가요, 올빼미형 인간인가요. 언제 가장 몰입이 안 되는지, 언제 잠이 오는지, 스스로에 대한 관찰 일기를 적어보면 어떨까요.

롭 무어(Rob Moore)는 《레버리지: 자본주의 속에 숨겨진 부의 비밀》이라는 책을 통해 이 관찰 일기를 '생산성 일기'라고 정의 내립니다. 예를 들어볼게요. 여러분이 가장 생산적으로 몰입하는 시간이 오전 10시부터 11시 30분이라고 해 보겠습니다. 이 시간 만큼은 절대 방해를 받지 않고 몰입해야 합니다. 무어는 세 가지 방법을 제시합니다. 차단하고, 집중하며, 마감을 설정하는 행동입니다.

먼저 차단입니다. 이 시간만큼은 어떠한 주변의 방해도 없어야 합니다. 주변 소음이 있으면 이어폰을 끼는 것을 추천합니다. 개인적으로는 동료가 말하는 것은 들을 수 있는 귀에 거는 클립형 이어폰(Clip-on earphones)을 씁니다. 전화 알림도 무음으로 해 두고, 동료에 대한 피드백도 줄이고, 불필요한 토론도 하지 않아야 합니다. 차단의 힘입니다. 이때 누군가가 전화를 걸면 답하지 않고 "나중에 전화를 드리겠다"는 메시지를 보냅니다. 하루가 당신을 지배하지 않게 하고, 당신이 하루를 지배하는 시간입니다.

이제 집중할 차례입니다. 집중에도 방법이 있습니다. 바로 포커스(FOCUS)인데요. 성공할 때까지 하나에 몰두하는 방식(Follow One Course Until Successful)의 약자입니다. 여러 일을 동시에 펼쳐 놓지 말고, 최소 30~90분은 한 가지에만 집중해야 합니다. 해당 업무나 공부가 복잡해 집중이 안 되더라도, 목표한 것을 끝내기 전에는 다른 업무로 넘어가지 않는 것이 중요합니다. 여러 일을 동시에 하면서 "난 다 할 수 있다"라는 생각이 들기도 하는데요. 여러 작업을 자주 전환하면 기억하고 생각할 것이 많아지는 이른바 '인지 과부하'가 발생합니다. 전체적인 생산성이 감소하고 스트레스가 증가할 수 있습니다. 때문에 전화하면서 이메일 보내고, 다시 회의하고, 보고서 쓰고 하면 진도가 제대로 나가지 않습니다.

여기서 중요한 것은 시간을 무한정 설정하지 않는 것입니다. 한 업무에 몰두하려면 마감 시간을 마음속에 설정하는 것이 좋습니다. 바로 네타임(NeTime, No Extra Time) 전략입니다. 모든 업무는 가급적 몰입하는 시간에 끝을 낸다고 생각해야 효율이 오릅니다. 집중이 안 된다고 해서 야근을 하기보다, 몰입하는 시간을 확보하고, 동일한 시간 내에 성과를 내는 것이 생산성을 극대화하는 방법입니다.

그래야 나머지 자투리 시간을 만들 수 있습니다. 우리에게 주어진 하루는 24시간뿐이기 때문입니다. 시간 낭비를 없애려면 출퇴근 시간을 자기계발 시간으로 할애하는 것을 추천합니다. 특히 오디오북이나, 온라인 강의는 바쁜 현대인에게 훌륭한 선생님입니다. 지하철이나 버스에서 밀리의 서재, 윌라, 구글 팟캐스트 등을 사용해 영어 공부도 하고 재테크 공부도 하면 어떨까요. 요약하면 가장 생산성이 오르는 시간에 그 누구한테도 방해를 받지 않고, 몰입할 수 있도록 스스로 환경을 만드는 것이 핵심입니다. 생산성 향상이란 한정된 시간에 업무 효율을 극대화하는 행위입니다.

## 읽고 쓰는 3가지 방법: 스키밍, 스캐닝, 메타가이드

주어진 한정된 시간을 매우 효율적으로 쓰려면, 읽고 쓰는 방법까지 개선할 필요가 있습니다. 두 가지 방법을 추천합니다. 빠르게 읽는 속독, 그리고 읽은 것을 정리하는데 필요한 도구입니다. 읽는 데는 크게 세 가지 방법이 있습니다. 소리 내어 읽기, 마음속으로 소리 내어 읽기, 눈으로 읽기입니다. 방식에 따라 읽는 시간이 다릅니다. 영단어 기준으로, 소리 내어 읽기는 분당 약 250단어, 마음속으로 소리 내어 읽기는 분당 약 450단어, 눈으로 읽기는 분당 약 700단어가 가능하다고 합니다. 기네스북 기록은 하워드 스테판 버그(Howard Stephen Berg)가 달성한 분당 약 2만 5,000단어입니다. 소설책 16~17권을 한 시간 만에 읽을 수 있는 엄청난 힘입니다. 물론 논쟁 여지는 있습니다. 얼마나 정확히 오래 암기할 수 있냐는 별

개 문제입니다.

책을 효율적으로 읽는 방법을 알려 드리겠습니다. 먼저 스키밍(Skimming)을 통해 흐름을 잡습니다. 모든 내용을 자세히 읽지 않고, 대략적인 문맥을 파악하는 방법입니다. 핵심은 글 주요 부분만 빠르게 읽는 것인데요. 예를 들어 제목, 소제목, 첫 문장, 마지막 문장 등을 중점적으로 읽는 윤곽 잡기 기술입니다.

또 다른 방법은 스캐닝(Scanning)입니다. 스캐닝은 특정 정보나 키워드를 찾기 위해 글을 빠르게 훑어보는 독서 기술입니다. 예를 들어 전화번호, 특정 단어, 날짜, 통계 숫자를 찾을 때 요긴합니다. 훑어보면서 원하는 단어를 찾습니다.

마지막 방법은 메타가이드(Meta Guide) 독서법입니다. 다소 연습이 필요한 방법인데요. 방식은 1~3단계로 나뉩니다. 1단계에선 손가락, 펜, 포인터 등을 활용해 글자를 따라가며 시선을 옮기는 훈련을 합니다. 2단계에선 단어를 쫓지 않고, 한 구절 한 구절로 시선을 옮깁니다. 3단계에선 시선을 지그재그로 옮깁니다. 왼쪽에서 오른쪽으로, 다시 한 줄 아래 왼쪽에서 오른쪽으로 읽지 않고, 왼쪽에서 오른쪽으로 읽은 다음 다시 한 줄 아래로 넘어와 오른쪽에서 왼쪽으로 읽습니다. 주어진 시간에 읽는 양을 늘린다면 시간을 절약할 수 있습니다.

읽은 정보는 결국 옮겨 적거나 메모해야 합니다. 오늘날에는 업무에서 필기도구를 잘 쓰지 않으니, 그 방법이 마우스와 키보드인데요. 특히 매크로 마우스(Macro Mouse)를 추천합니다. 일반 마우스는 버튼이 세로 휠, 왼쪽 클릭, 오른쪽 클릭, 세 개인데요. 매크로 마우스는 틸팅(Tilting) 기능이 있는 가로 휠과 더불어, 엄지손가락이 마우스에 닿는 부분에 추가로 버튼이 세 개 더 있습니다. 가로 휠을 사용하면 생산성이 높아집니다. 일반적으로 시트를 왼쪽에서 오른쪽으로 이동하면서 보려면, 커서 부분을 왼쪽 버튼을 눌러 클릭해 잡은 다음 드래그를 해야 하는데요. 가로 휠은 검지로 누르고 있기만 하면 됩니다. 또 엄지손가락 부위에 달린 버튼은 필요에 따라 지정해 사용할 수 있습니다. 예를 들어 복사(Ctrl + C)와 붙여넣기(Ctrl + V) 등을 단축 버튼으로 지정할 수 있습니다.

## 인생의 큰 목적이
## 큰 몰입을 만든다

집중하려면 무엇보다 삶을 이끄는 목적이 있어야 합니다. 삶의 목적을 찾고 이를 기반으로 집중력을 강화하는 것은 단순한 업무 효율성을 넘어, 개인의 삶의 질을 향상시키는 데 중요한 역할을 하기 때문인데요.

조슈아 베커(Joshua Becker)는 《삶을 향한 완벽한 몰입》이라는 책을 통해 목표를 찾으려면 '열정, 능력, 그리고 타인을 위함'이라는 세 가지 요소를 벤다이어그램으로 그리고 교집합을 찾아볼 것을 추천했습니다. 일이 단순히 돈 벌기 위한 노동으로만 그친다면, 진정으로 그 일에 몰입할 수 없다고 지적합니다. 단순히 생산성을 높이려고만 한다면 몰입을 할 수 없다는 설명인데요. 자신의 존재 이유를 찾고 이를 통해 더 큰 만족감과 성취감을 느껴보라는 조언입니다. 베커는 인생에서 가장 중요한 날에 대해 "방해 요소를 모두 없애 버리고 온전히 자신의 목적을 추구하기로 결심한 날이었다"고 회고했습니다. 우리가 진정 집중해야 할 일은 오늘 우리가 세상을 떠난다고 상상했을 때, 아직 완성하지 못해 실망할 수 있는 일 그 한 가지 아닐까 합니다.

# 아마존의 소통방식:
# 내러티브 글쓰기

"여러분이 해야 할 일은
진실한 문장 하나만 작성하는 것입니다.
당신이 알고 있는
가장 진실한 문장을 쓰면 됩니다."

– 어니스트 헤밍웨이(Ernest Hemingway) –

커뮤니케이션에서 가장 중요한 전제는 '서로 같은 것을 이해하고 있는 상태'입니다. 우리말로 풀면 스승과 제자가 마음으로 불법의 도리를 주고받는다는 뜻에서 유래한 이심전심(以心傳心)이고요. 영어로는 같은 페이지를 보고 있다는 '온 더 세임 페이지(On the same page)'로 볼 수 있습니다.

누군가에게 무엇인가를 써서 올바르게 전달하는 것이 어려운 이유가 바로 여기에 있습니다. 사람은 기본적으로 같은 페이지에 머무르기 쉽지 않습니다. 바로 지식의 저주(Curse of Knowledge) 때문인데요. 지식의 저주란 한 사람이 다른 사람과 대화를 할 때 내가 알고 있는 것을 다른 사람도 알고 있을 것이라고 오해하는 현상입니다. 각 개인이 자신의 경험과 심리적 상태에 따라 현실을 다르게 인식하는 심리적 현상인 이른바 주관적 현실(Subjective Reality)과 유사합니다.

## 우리는 서로 같은 페이지를 보고 있을까요

심리학자 앨런 레스리(Alan Leslie)와 하인츠 윔머(Heinz Wimmer)는 '거짓 믿음 과제'라는 실험을 합니다. 세 살 아이에게 M&M 초콜릿 상자를 보여주고 그 안에 무엇이 있는지 물어보게 했는데요. 어린아이는 당연히 초콜릿이라고 답했습니다. 하지만 막상 상자를 열어보니 연필이 들어있었습니다. 연구진이 실망한 아이에게 "만약 다른 아이가 이 상자를 보면 뭐가 들어있다고 생각할 것 같아?" 라고 물어봤더니, 아이는 "연필"이라고 대답했습니다. 이 실험은 아이들이 자신의 지식을 다른 사람의 관점과 분리해서 생각하기 어려워함을 보여줍니다. 내가 아는 지식을 다른 아이들도 당연히 알 것으로 생각하는 현상입니다.

이런 현상은 우리 곳곳에서 발견됩니다. 개발자와 마케터, 마케터와 고객, 교사와 학생, 부부간 관계 등에서 말입니다.

《우리 본성의 선한 천사》라는 책으로 유명한 스티브 핑커(Steven Pinker) 하버드대학 교수는 글쓰기에서 특히 이러한 '지식의 저주'가 많이 발생한다고 평가했습니다. 특히 전문적 지식이 많은 전문가 집단일수록 그렇습니다. 몇 가지 예를 들어보겠습니다.

한 의사가 환자에게 이런 말을 합니다. "이 약은 당신의 레닌-안지오텐신-알도스테론 시스템을 조절하는 데 도움이 될 것입니다." 또 소프트웨어 개발자가 마케터에게 제품을 이렇게 설명합니다. "이 프로그램은 API를 통해 데이터베이스에 쿼리를 전송합니다." 이들 문장은 "이 약은 당신의 혈압을 낮추는 데 도움이 됩니다"와 "이 프로그램은 데이터를 검색하고 저장할 수 있게 합니다"로 각각 수정할 수 있습니다. 즉 잘못된 말하기 글쓰기의 대표적 사례입니다.

핑커 교수는 올바른 글쓰기를 위해 크게 두 가지 조언을 합니다. 먼저 독자 집단을 대표할 수 있는 사람에게 자신의 글을 보여주고, 시간이 흐른 뒤에 자신의 글을 다시 읽고 고쳐 쓰는 방식입니다.

하지만 그렇다고 해서 너무 길게 설명하는 글을 쓰는 것 역시 금물입니다. 상대방은 시간이 없기 때문입니다. 영어권에서 자주 쓰이는 인터넷 용어 중 하나로 TL;DR(Too Long; Didn't Read)이 있습니다. 이 표현은 "너무 길어서 읽지 않았어"라는 뜻으로, 지나치게

긴 글에 대해 독자들에게 일종의 '경고' 표시로 사용되는데요. 주로 글의 요약을 제공하거나, 긴 글의 핵심 내용을 간략히 전달할 때 사용됩니다. 또 다른 흔히 사용되는 인터넷 용어로는 TMI(Too Much Information)가 있습니다. 이는 "정보가 너무 많다"는 것을 가리키며, 필요 이상의 세부 사항이나 과도한 정보를 제공하는 상황에서 사용됩니다.

## 파워포인트를 추방한 아마존, 지식의 저주를 없애기

글쓰기 문화가 뿌리 깊게 박힌 기업 중 가장 유명한 곳은 아마존입니다. 2004년 제프 베이조스(Jeff Bezos) 아마존 창업자는 회사에서 파워포인트 발표를 전격 추방했습니다. 이후 글로 자신의 생각을 표현하고 회의에서 글로 소통하는 것이 뿌리내렸습니다. 아마존에서 사용하는 글쓰기의 대표적인 양식이 '6-페이저'와 'PR/FAQ'입니다. 6-페이저는 회의에 쓰이는 자료를 6페이지짜리 '줄글'로 쓰는 것을 가리킵니다. 파워포인트나 글머리기호(bullet point)식 글처럼 핵심만을 요약하는 것이 아니라, 생각의 흐름이 그대로 담긴 내러티브(Narrative)식으로 쓰는 것이 핵심입니다.

## 글머리 기호식

· 신시장 진출에 따른 위험 요소

· 시장 선점 기업의 방어전략

· 기존 브랜드의 가치 하락


## 내러티브식

새로운 시장에 진출에 따른 다양한 위험 요소가 존재한다. 먼저 시장을 선점하고 있는 1위 기업이 공격적인 가격 인하로 방어 전략을 취할 수 있다. 이렇게 될 경우 투입할 자원이 제한적인 우리 회사는 가격 인하에 수비적으로 대응할 수밖에 없다. 두 번째로 기존 브랜드를 새로운 시장에서 그대로 사용할 경우 브랜드 가치 하락이 나타날 수 있다. 새로운 시장에 대한 침투가 실패할 경우 기존 브랜드에 부정적인 영향으로 연결될 수 있다.


이런 내러티브식의 글을 6페이지나 작성한다고 합니다. 아마존에서는 심지어 이 글을 회의 전 발표자가 참석자들 전부 앞에서 읽는다고 해요. 페이지 당 3분 정도의 시간이 걸린다고 생각하면 18분 동안 내용을 읽기만 하는 것입니다. 대신 회의 전에 미리 자료를 읽을 필요는 없다고 합니다. 회의 참석자들은 해당 주제에 대한 이해도가 높아진 상태가 되기 때문에 훨씬 생산적인 토론이 가능하다고 합니다.

PR/FAQ는 모든 보고 문건을 언론 보도자료(Press Release)처럼 쓰는 것을 가리킵니다. 여기에 덧붙여 예상되는 질문까지 작성하는 것을 가리킵니다. PR/FAQ는 고객 중심에서 시작하는 아마존의 일하는 방식인 순서 파괴인 워킹 백워드(Working Backwards)와 관련이 있습니다. 고객에서 시작해, 기획으로 거슬러 올라가는 방식입니다.

PR/FAQ ----아마존에서 사용하는 PR/FAQ의 예시

### 제목

독자가 이해할 수 있는 방식으로 제품을 명명합니다. (즉, 목표 고객이 이해할 수 있도록) [회사]가 [서비스│기술│도구]를 통해 [고객]을 위해 [혜택]을 주는 것을 설명합니다.

- 예시: 미라클레터 앱이 출시됐습니다. 미라클레터는 앱을 통해 독자님들의 미라클 모닝을 지원합니다.

### 부제목

제품 시장 현황과 혜택을 설명합니다. 제목 아래에 한 문장으로 작성합니다. 제목에 비해 더 자세히 설명할 수 있어야 합니다.

### 날짜

제품 출시 날짜를 작성합니다. (CEO가 출시일을 앞당길 수 있으니, 약간 여유를 두는 게 좋습니다.)

- 예시: 서울-2026년 10월 10일 - (주)미라클레터, 서울에 본사를 둔 회사로, 미라클레터를 작성할 때마다 iOS 및 안드로이드용 애플리케이션으로 이를 전달합니다.

## 문제

제품이나 서비스를 통해 고객의 고충을 해결할 수 있는 최대 3~4개의 문제를 나열합니다. 각 문제를 간단히 설명하고 해결하려는 문제의 현재 상황을 언급합니다. 해결할 문제는 내림차순으로 순위별로 나열해야 합니다. 가장 큰 문제는 고객의 가장 큰 고통, 마지막 문제는 가장 적은 고통입니다.

글쓰기 측면에서 본다면 고객을 심도 있게 이해하려면 내러티브로 글을 쓸 줄 알아야 한다는 메시지입니다. 왜 아마존은 내러티브 방식의 글을 선호하는 걸까요. 제프 베이조스는 이렇게 말을 한 적이 있습니다.

"4페이지의 메모를 쓰는 것이 20페이지짜리 파워포인트를 구성하는 것보다 어려운 이유는 좋은 메모의 내러티브 구조가 우리에게 무엇이 더 중요한지, 서로 어떻게 연관되어있는지를 더 잘 생각하고 이해하도록 유도하기 때문입니다."

내러티브식 글쓰기는 매우 강력합니다. 충분히 취재를 한 기자들은 전후 맥락을 잘 이해하고 있기 때문에 글을 '술술' 쓸 수 있습니다. 하지만 잘 모르는 상태에서 글을 쓰면 글에 구멍이 '숭숭' 납니다. 결국 읽는 사람 역시 한번 읽고서는 잘 이해를 하지 못합니다. 그렇기 때문에 기사를 쓰는 과정은 사고를 명확하게 하고 근거를 찾아가는 과정이기도 합니다. 미국 작가인 앰브로즈 비어스(Ambrose Bierce)는 "좋은 글은 '명확한 사고'를 눈에 보이도록 해주는 것이다."라는 명언을 남겼습니다. 명확한 사고를 마쳤다면, 좋은 글이 나온다는 메시지입니다.

## 좋은 아이디어는 글로 적고, 서로 검토한다

아마존만큼이나 글쓰기 문화가 강한 곳은 결제 핀테크 기업으로 유명한 스트라이프(Stripe)입니다. 스트라이프는 자체 출판사를 두고 매달 '개발자 매거진'을 출간할 정도로 글쓰기를 장려하는 기업입니다. 스트라이프 역시 아마존처럼 파워포인트가 아니라 내러티브 문서를 사용한다는 것이 큰 특징입니다. CEO인 패트릭 콜리슨(Patrick Collison)은 사내 이메일에 각주를 사용할 정도로 글쓰기에 진심입니다. 스트라이프가 글쓰기를 장려하는 이유는 크게 글로 명확하게 표현될수록 의도와 메시지가 명확해지기 때문이라는데요. 특히 스트라이프에서는 어떤 직원이 회의에서 좋은 아이디어를 낸다면, 그걸 글로 옮길 것을 장려합니다.

물론 수많은 글들이 오가는 것은 업무에 효율성을 떨어뜨린다는 지적이 있습니다. 하지만 스트라이프는 정말 사내에서 중요한 문서만 표준화를 하고, 나머지는 직원들이 맘대로 작성할 수 있도록 한다고 합니다. 생각을 글로 표현하는 것이 중요한 것이니, 규격에 끼워 맞추는 글쓰기를 지양하는 것입니다. 또 신입 엔지니어들에게는 글쓰기 교육을 한다고 합니다.

데이비드 누네즈(David Nunes) 스트라이프 매니저는 글을 잘 쓰는 팁에 대해 "일단 쓰고 나서 다른 사람에게 리뷰를 부탁한다"면서 "개발자들이 코드를 검토하는 과정을 거치는 것처럼 글을 쓰는 것 역시 마찬가지"라고 강조했습니다. 또 독자 입장에서 글을 바라볼 필요가 있다고 강조했습니다. 독자에 따라 전문 단어를 사용할지, 일반적 명사를 사용할지 고민한다는 설명입니다.

아마존이나 스트라이프가 유별난 조직일 수 있습니다. 두 회사 모두 리테일(Retail) 비즈니스 영역에서 활동한다는 점에서 최종 소비자와 커뮤니케이션이 매우 중요합니다. 그렇다 보니 기술 중심 기업임에도 불구하고 글쓰기를 매우 중요하게 생각합니다. 또 제프 베이조스와 패트릭 콜리슨이 책 매니아인 점 역시 큰 영향을 미쳤을 것으로 보입니다.

글을 잘 쓰는 능력은 업무에 절대적으로 필요한 능력입니다.

특히 오늘날 우리는 정보의 홍수 속에 살고 있습니다. 사람들은 중요한 정보가 무엇인지 파악하는데 어려움을 겪고 있습니다. 이런 상황에서는 핵심을 효과적으로 전달하는 글쓰기 능력은 매우 중요한 능력이 아닐 수 없습니다. 중요한 정보가 무엇인지 강조해 주고, 상대의 시간을 아껴주는 것이 커뮤니케이션의 중요한 요소가 될 수밖에 없는 이유입니다.

마이크로소프트 연구에 따르면, 사람들이 콘텐츠를 볼 때 평균 집중하는 시간이 2000년 12초에서 2015년 8초로 간소했다고 합니다. 짧은 시간 내에 핵심 정보를 파악하고 이를 글로 전달하는 능력은 점점 더 중요해지고 있습니다.

"정보는 풍부하고, 지혜는 드물다"는 조지 S. 패튼(George S. Patton)의 명언처럼, 핵심을 효과적으로 전달하는 능력은 개인과 조직 모두에게 중요한 자산이 될 수밖에 없습니다.

# 말 잘하는 비결은 3의 규칙, 30단어, 1분

> "만약 스피치를 준비하는 데
> 한 달이 필요하다면,
> 15분짜리 이야기를 하면 됩니다.
> 하지만 5분짜리 이야기를 하려면,
> 두 달이 필요합니다."
>
> – 마크 트웨인(Mark Twain) –

미국의 작가 마크 트웨인(Mark Twain)은 간결한 스피치가 얼마나 중요한지 그리고 얼마나 어려운지 명언을 남겼습니다. 인공지능이 아무리 발전하더라도 쉽게 인간을 대신할 수 없는 영역이 있습니다. 바로 사람을 직접 만나 이야기하는 것일 텐데요.

스피치는 누군가를 상대로 설득하는 행위입니다. 회사 면접에서, 고객 상담, 영업 판매에 이르기까지 직장인이라면 반드시 익혀야 하는 것이 스피치 능력입니다. 스피치 역량은 오늘날 현대인에게 반드시 필요한 기술입니다.


## 스티브 잡스의 스피치 비결
## 3의 규칙

애플에는 보이지 않는 전통이 하나 있습니다. 바로 한 이벤트에서 가급적 3개를 넘어선 제품을 강조하지 않는, 이른바 '3의 규칙'인데요. 이는 스티브 잡스(Steve Jobs)의 발표에서 유래합니다. 잡스는 2005년 스탠퍼드대학 졸업식에서 그 유명한 명연설을 남깁니다. "스테이 헝그리, 스테이 풀리시(Stay hungry, stay foolish)" "항상 배움에 목말라하고, 우직하게 도전하라"로 의역할 수 있는데요. 이때 잡스는 인생에 중요한 세 가지를 강조합니다. 이렇게 말입니다. "제 인생에서 일어난 스토리 3개를 공유하고 싶습니다. 정말 그것뿐입니다. 별다른 이야기는 아닙니다. 스토리가 3개 있을 뿐입니다.

먼저 잡스는 '점과 점을 연결하라'고 강조했습니다. 그러면서 예를 듭니다. 잡스의 꿈은 리드 칼리지(Reed College)에서 공부하는 것이었는데요. 오리건주 포틀랜드에 있는 리드 칼리지의 학비는 평범한 가정에서 충당하기에는 너무 비싸 그는 8개월 만에 자퇴를 합니다. 양부모님께 폐를 끼치고 싶지 않았기 때문입니다. 하지만 그는 친구 기숙사 방바닥에서 자면서, 캘리그래피(Calligraphy) 강좌를

몰래 엿들었습니다. 그 과정에서 디자인의 중요성을 깨달았고 이는 훗날 애플의 정신이 됐습니다. 순간순간 인생의 사소한 점과 점이 연결되어 커다란 그림이 그려지게 되는 것이 중요하다는 메시지입니다.

두 번째 인생 교훈은 '상실과 사랑'입니다. 잡스는 펩시콜라 사장인 존 스컬리(John Sculley)에게 "설탕물이나 팔면서 남은 인생을 보내고 싶나요. 아니면 나와 함께 세상을 바꾸고 싶나요"라고 물으며 그를 애플의 대표로 영입합니다. 하지만 의견 충돌이 잦았고 결국 이사회 표결을 통해 스컬리를 CEO에서 해임하고자 했지만 실패하고 자신이 해고되는 아픔을 겪었습니다. 잡스는 배신감이 치밀었지만 자신의 일을 사랑했기 때문에 결국 다시 일어섰습니다. 이후 픽사(Pixar)를 설립한 후 다시 애플로 복귀할 수 있었습니다. 상실이 있더라도 사랑하면 괜찮다는 메시지입니다.

끝으로 그가 던진 교훈은 '죽음을 정면으로 마주하라'입니다. 잡스는 2004년 췌장암 판정으로 시한부 인생을 살게 됩니다. 그러면서 깨닫습니다. 자존심, 실패, 체면, 공포 모든 것을 내려놓았습니다. 그리고 학생들에게 이런 말을 합니다. "여러분! 주어진 시간은 한정돼 있습니다. 제 말을 명심하세요. 항상 배움에 목말라하고, 우직하게 도전하세요."

잡스의 연설에 우리가 몰입할 수 있는 이유는 청중이 핵심을 놓치지 않게 만드는 스피치 비결 때문입니다. 이런 잡스의 철학은 애플 문화 곳곳에 스며있습니다. 간결하고 짧게! 잡스가 그래서 만든 것이 '3S 회의 규칙'입니다.

- **작은 리스트**(Small list): 참석자는 3~5명이 이상적입니다. 너무 많으면 배가 산으로 갑니다.
- **적은 어젠더**(Short Agenda): 의제는 최대 3개입니다. 안건만 많으면 생각할 시간이 줄어들고 즉흥적 대화만 난무합니다.
- **짧은 길이**(Short Length): 시간은 30분입니다. 사람이 집중할 수 있는 시간은 길지 않습니다. 마라톤 회의를 한다 해서, 결과가 나오지 않습니다. 집중 토론이 중요합니다.

인간의 기억력에는 한계가 있습니다. 말을 잘한다는 것은 결국 자신이 핵심을 정확하게 파악해, 설득력 있게 전달하는 행위입니다. 잡스는 2007년 아이폰을 들고 나와서도 이렇게 말했습니다. "오늘 우리는 세 가지 혁신적 제품을 소개합니다. 첫째는 터치패널이 있는 와이드 스크린 아이팟입니다. 둘째는 혁신적인 휴대폰입니다. 셋째는 획기적인 인터넷입니다. 세 개가 별도 장치가 아닙니다. 이것은 하나입니다. 아이폰입니다."

# 리처드 브랜슨의
# 비어 매트 규칙, 고작 30단어

메시지를 핵심적으로 던지는 CEO는 잡스뿐 아닙니다. 버진그룹 창업자인 리처드 브랜슨(Richard Branson)은 괴짜 CEO로 유명합니다. 난독증에 고교 중퇴자이며 정규 교육을 받지 못해 재무제표조차 잘 읽지 못합니다. 하지만 그는 늘 '창조의 아이콘'으로 불립니다. 열여섯에 버진이라는 잡지를 만들고 이듬해 버진 레코드라는 음반사를 설립했는데요. 이후 미디어 유통 통신 교통 등으로 사업을 확장해 갑니다. 한 번은 코카콜라를 잡겠다고 버진 콜라를 만들고, 코카콜라를 피라미드처럼 쌓아두고 이를 무너뜨리는 퍼포먼스를 한 적이 있습니다. 또 항공기 결항으로 비행기를 못 타자, 즉석에서 전세기를 빌려 승객들에게 표를 판 일화도 있습니다. 또 우주 관광기업인 버진 갤럭틱을 창업해 상장까지 시켰습니다.

브랜슨은 임직원들에게 딱 한 가지를 요구합니다. 맥주 받침대인 비어 매트(Beer Mat)에 글을 써서 브랜슨이 이해하도록 설득하라는 요구입니다. 비어 매트는 지름이 약 10cm에 불과한데요. 그 작은 공간에 글을 쓰면 고작 30단어밖에 적을 수 없습니다. 그만큼 전문 용어를 사용하지 말고, 짧게 말하고, 핵심만 전달하라는 메시지입니다.

호주의 항공사인 버진 블루(Virgin Australia Airlines)는 비어 매트에서 태어났습니다. 일화 한 토막이 있습니다. 벨기에 항공사인 버진 익스프레스의 최고재무책임자(CFO)인 브렛 가드프리(Brett Godfrey)가 브랜슨에 신규 사업 보고를 하려던 찰나, 메모지가 없어서 맥주 받침대인 비어 매트에 볼펜으로 쓱쓱 써서 보고를 했다고 합니다. 이를 본 브랜슨이 무릎을 치고, 사업을 해 보라고 한 것이 바로 버진 블루의 창업입니다.

브랜슨은 '피치 투 리치(Pitch to rich)'라는 이색적인 말하기 대회를 열곤 합니다. 우리말로는 '부자한테 말해봐'라는 스타트업 경진 대회인데요. 그는 "리처드를 설득 못 시키는데, 소비자를 어떻게 설득시키느냐"며 메시지의 힘을 강조합니다. 브랜슨은 설득의 힘을 믿는 CEO입니다. 그가 강조하는 다섯 가지 비결이 있습니다. 말할 때는 진심을 다하고, 열정을 다해서 전달하며, 강연 시작과 끝부분에는 사람들이 미소로 끝날 수 있도록 유머를 곁들이고, 자존심을 앞세우지 말며, 가치를 전달하라는 교훈입니다.


## 성공에 주어진 시간은
## 단 1분


엘리베이터 피치(Elevator pitch)라는 말을 들어보신 적이 있나요. 피치(Pitch)는 던진다는 뜻이 있지만, 이야기한다는 비격식 표현이

기도 합니다.

우리는 회사나 학교에서 누군가를 우연히 만나 부탁을 합니다. 그 짧은 30초에서 1분 사이에 말하는 기법을 엘리베이터 피치라고 합니다. 만약, 면접을 보려고 엘리베이터를 탔는데, 그 회사 대표를 엘리베이터에서 만났다면 어떤 이야기를 나눠야 할까요. 용기가 있는 분이라면 아마 이렇게 말을 걸지 않을까 합니다.

"안녕하세요, 대표님! 오늘 면접을 보러 온 ○○라고 합니다. 이렇게 만나 뵙게 돼 영광이에요. 얼마나 뵙고 싶었는지 몰라요. 저는 마케팅을 하면서 회사의 잠재고객을 무려 3년 동안 10배 이상 늘렸는데요. 이러한 경험을 이야기할 수 있는 기회를 주셔서 매우 감사하게 생각합니다. 이따 다시 인사드리겠습니다."

네, 맞습니다. 엘리베이터가 오르락 내리락 할 정도의 매우 짧은 시간 안에 자신이 원하는 메시지를 매우 명쾌하게 그리고 상대방의 기분을 살펴가면서 강력히 전달하는 말하는 기술이 바로 엘리베이터 피치입니다. 엘리베이터 피치는 30년 전 ITT 코퍼레이션에서 품질담당 이사로 일하던 필립 크로스비(Philip Crosby)가 개발했습니다. 그는 CEO와 약속을 잡는 것이 너무나 힘들다는 사실을 깨닫고 스킬을 개발합니다. CEO가 주로 타는 엘리베이터를 이용하다 전광석화와 같은 속도로 보고를 해야겠다고 마음을 먹고 항상 30초 만에 핵심을 전달하는 기술을 연마했습니다. 실제로 CEO는 크로스비의 보고를 들은 뒤 엘리베이터에서 내릴 때면 항상 "크로스비 이사 그럼 임원 회의시간에 발표를 해 보세요"하고 말을 남겼다고 합니다. 이후 크로스비는 영국에 필립 크로스비 어소시에츠라는 컨설팅 회사를 차렸고, 이 기법은 오늘날 세계적으로 사용되고 있습니다. 하버드대에서도 몇 가지 사례들을 소개합니다.

"대학에서 커뮤니케이션을 전공했습니다. 대학 신문사에서 기자로 일했고, 나중에는 예술 책 편집자로 일했습니다. 기자로서 역량을 발휘하고 싶습니다."

"회계 분야에서 10년 이상 경력을 쌓았습니다. 중소기업과 함께 일했습니다. 도움이 필요하다면, 기꺼이 상담해 드리겠습니다."

"저는 밥입니다. 치과에서 수년간 근무한 치과 의사입니다. 혹시 주변 좋은 병원에서 치과 의사를 찾고 있다면, 소개를 시켜주시면 정말 감사하겠습니다. 사례는 하겠습니다."

"저는 웹사이트 디자이너입니다. 메시지를 창의적으로 표현하는 방법을 고민하고, 사람들이 소셜 미디어에 공유할 수 있는 일러스트를 그립니다."

"안녕하세요. 저는 사라이고 트럭운수 회사를 운영하고 있습니다. 가족 기업입니다. 하지만 고객 감동을 선사합니다. 정시 배송을 보장합니다. 특히 AI챗봇 대신 직접 전화를 받습니다."

말을 잘하는 것은 정말 중요한 능력입니다. "진심을 담아 핵심만 전달하라"는 메시지는 비단 스티브 잡스나 리처드 브랜슨만 말한 것은 아닙니다. 미국의 32대 대통령인 프랭클린 루즈벨트

(Franklin D. Roosevelt)는 연설의 3법칙으로 "진심을 담아, 간단명료하게, 그리고 자리에 앉아라(Be sincere; be brief; be seated.)." 라고 말했고, 영국의 61대 총리인 윈스터 처칠(Sir Winston Churchill)은 "일반적으로, 짧은 단어가 최상이며 그 중 친근한 단어가 최고다." 라는 명언을 남겼습니다. 간결하고 명료한 표현이 효과적이며, 서로서로 시간이 없을 때는 누구나 다 아는 익숙한 표현을 사용해 많은 사람이 이해할 수 있도록 하라는 메시지입니다.

말을 잘하려면 누군가의 말에 경청할 수 있는 능력이 있어야 한다고 믿습니다. "말을 제일 잘하는 사람은 논리적으로 말하는 사람이 아닙니다. 바로 남의 말을 잘 들어주는 사람입니다"라는 미국 토크쇼의 전설로 불리는 래리 킹(Larry King)의 교훈으로 마무리 하겠습니다.

# 끝내주는 프리젠테이션의
# 4단계 법칙

"프레젠테이션의 성공 여부는
전달하는 지식에 있는 것이 아니라,
듣는 사람이 무엇을 받아들이는지에 따라 결정됩니다."

- 작가, 릴리 월터 -

일잘러에게는 글 잘 쓰고 말 잘하는 것만큼 중요한 무기가 있습니다. 바로 프레젠테이션 능력입니다. 프레젠테이션이 중요한 이유는 무엇일까요. 프레젠테이션은 정보를 전달하고, 청중을 설득하며, 아이디어를 명확하게 표현하는 데 적합합니다. 또 비즈니스 회의, 학술 발표, 교육 현장 등 다양한 상황에서 사용됩니다. 즉, 프레젠테이션은 청중 앞에서 메시지를 보다 명료하게 전달하는 강력한 수단입니다. 잘 준비된 프레젠테이션은 청중에게 강력한 인상을 남기고, 성공을 끌어당깁니다.


## 파워포인트 꾸미기가
## 프레젠테이션의 전부가 아니다


오늘날 프레젠테이션이라고 하면, 사람들 앞에서 마이크로소프트가 개발한 파워포인트를 활용해 발표하는 것부터 떠올리는데요. 사실 파워포인트가 나오기 이전부터도 프레젠테이션식 발표는 매우 중요한 일이었습니다.

중세 교회는 고딕 성당에 스테인드글라스 창문을 달아 신자들이 각각의 창을 보는 것만으로 예수님이 걸었던 길을 느끼게 했다고 합니다. 또 1801년 스코틀랜드의 교사 제임스 필란(James Pillans)이 칠판을 최초로 사용한 이래, 지금껏 교사들은 칠판을 활용해 학생을 가르칩니다. 이뿐만이 아닙니다. 1961년 미국항공우주국(NASA) 과학자들은 무려 3층 높이 칠판을 걸어두고 공식을 써 내려가면서 이를 발표했습니다.

이후 차츰차츰 기술이 발전하면서 종이를 한 장씩 넘기는 1910년대의 플립 차트(Flip Chart), 한 장씩 이미지를 투사해 보여주는 1920년대의 필름 스트립(Film Strip), 작은 투명한 필름에 이미지를 인쇄한 1940년대 슬라이드(Slide), 화면에 이미지를 투사하는 1960

넌대의 프로젝터(Projector)와 같은 신기술이 잇따라 등장했습니다. 오늘날 많이 쓰는 파워포인트는 1987년이 돼서야 나타났습니다.

파워포인트는 포어소트(Forethought)가 개발한 매킨토시 컴퓨터용 소프트웨어였는데요. 그 잠재력을 보고 마이크로소프트가 인수하면서, 오늘날의 오피스 제품군에 통합되어 있습니다. 그 이후 구글 슬라이드(Google Slides), 애플 키노트(Apple Keynote), 프레지(Prezi)와 같은 새로운 소프트웨어가 속속 나오고 있습니다.

## 모든 영역에서 통용되는
## 프레젠테이션 4단계 방법

명사 강연 플랫폼인 TED의 CEO인 크리스 앤더슨(Chris Anderson)은 그동안 전문가가 아닌 사람들이 대중 앞에서 연설을 잘할 수 있도록 코칭을 해 왔는데요. 항상 이렇게 강조합니다. "좋은 연설가요? 충분히 만들어질 수 있습니다."

TED는 18분 정도 되는 작은 강연인데요. 기업공개(IPO) 로드쇼, 신제품 발표, 학생들의 수업 발표에서도 모두 같은 공식이 통용된다는 것이 앤더슨의 지론입니다. 그는 '킬러 프레젠테이션'을 크게 세 가지 단계로 구분해 설명합니다. 우리말로 하면 '죽여주는 발표' 정도 되겠네요.

가장 먼저 필요한 것은 '스토리를 구성하는 것(Frame your story)' 입니다. 청중에게 들려줄 가치가 있는 소재를 엮어내는 과정으로 이해하면 됩니다. 크리스는 스토리에 대해 '청중들과 함께 떠나는 여행'이라고 규정합니다. 스토리 라인을 구성한 다음, 시작과 끝을 어떻게 맺을지 고민합니다. 정말 훌륭한 연사들은 맨 처음 내가 왜 이 주제를 택했는지 매우 빠른 속도로 설명하고, 왜 우리가 이 주제를 함께 고민해야 하는지를 설득력 있게 전달한다고 합니다. 이 과정에서 흔히 적용되는 방법이 탐정 기법(Detective Technique)입니다.

예를 들어 보겠습니다. 연설 초반에 "최근 우리 도시의 범죄율이 급격히 증가하고 있습니다. 그런데, 이 문제의 원인은 무엇일까요?"라고 질문을 던집니다. 이어 다양한 통계와 사례를 제시하며 청중이 문제의 원인을 추론하도록 유도합니다. 연사는 단서들을 차례로 제시하면서, 청중이 스스로 문제의 본질을 깨닫도록 돕는 과정을 거칩니다. 청중과 호흡하는 방법이 탐정 기법입니다.

둘째로 중요한 것은 전달인 '딜리버리(Plan your delivery)'입니다. 크리스는 결코 파워포인트에 스크립트를 적거나 프롬프터를 사용하지 말라고 강조합니다. 몰입감이 낮아지기 때문입니다. 가장 좋은 것은 통째로 암기하는 것이지만, 어렵다면 키워드만 외워서 스토리를 전개해 나가야 합니다. 크리스는 청중들이 연설이라고 생각하면 안 된다고 말합니다. 마치 서로 대화를 나누듯이, 자연스럽게 발표에 동참시키는 것이 중요하다고 강조합니다.

마지막은 '무대 매너(Develop stage presence)'입니다. 여기서 가장 중요한 것은 눈 맞춤인데요. 발표자가 볼 때 가장 친절해 보이는 딱 다섯 명만 찾아, 그들의 눈을 마주 보고 대화하라고 조언합니다. 또 특정 내용을 강조하려고 너무 많이 연습하다 보면, 보는 사람으로 하여금 무엇인가 어색한 것 같다는 느낌을 주기 때문에 주의하라고 합니다. 무대에 오르기 전에 스트레칭과 심호흡 역시 큰 도움이 된다고 합니다. 일부 명사들은 물건을 들고나와서 요긴하게 활용합니다. 이 역시 무대 매너를 위한 일환입니다.

그리고 발표에서 제일 중요한 것은 청중들의 눈높이입니다. 청중들을 가르치려 들지 말고, 전문 용어는 적게 써야 합니다. 청중이 몰입한 발표가 곧 성공한 발표입니다. 너무 많은 것을 담으려다 보면, 시간에 쫓기는 불상사가 벌어질 수 있습니다. 또 발표에서 자신이 몸담고 있는 조직이나 회사에 대한 이야기를 너무 많이 꺼낸다면, 청중들이 흥미를 잃습니다. 듣는 사람이 관심을 갖는 것은 이야기 그 자체입니다.

## 에어비앤비의 비결은
## 자신과 먼저 대화하기

에어비앤비(Airbnb)는 2024년 6월 현재 시가총액이 925억 달러(약 127조 원)에 달하는 온라인 여행 에이전시인 OTA(Online Travel Agency)의 대명사입니다. 세계적인 호텔 체인인 메리어트 인터내셔널(Marriott International)이 약 664억 달러(약 91조 원)인 것을 비교할 때, 기업 가치가 40% 정도나 큰 규모입니다.

하지만 2008년에 창업했을 때만 하더라도 '과연 성장할 수 있을까' 하는 의심의 눈초리를 받는 스타트업이었습니다. 에어비앤비가 성공한 비결은 많겠지만, 그중 하나는 창업자인 브라이언 체스키(Brian Chesky)의 설득력 있는 발표 능력이었습니다.

체스키는 "창업은 과학이 아니라 예술에 가깝다"고 설명합니다. 회사를 창업하면 주변에 널리 알려야 하는데, 그러다 보면 스스로를 먼저 알아야 하고, 자신과의 대화가 최우선적으로 필요하다는 메시지입니다. 그는 "남들의 이목을 끌고자 말하지 말고, 자신과 진솔한 대화를 통해 스토리를 다듬어라"고 조언합니다.

체스키는 모든 사람이 평범하고 공평하다고 강조합니다. 그러면서 예를 듭니다. 한 창업자가 어떤 사회적이고 경제적인 문제를 해결하려고 마음먹고 스타트업을 해 본다고 하겠습니다. 그는 이렇게 말을 이어갑니다.

"여러분이 만약 그 위대한 문제를 해결했다면, 당신은 아마도 수백만 명이 직면한 문제를 해결할 자질을 갖춘 창업자일 겁니다. 그러니 먼저 어떤 문제를 어떤 방식으로 풀지 자신과 진솔한 대화를 먼저 해 보세요."

체스키는 창업 1년 전 로드 아일랜드 디자인스쿨(Rhode Island School of Design) 동기인 조 게비아(Joe Gebbia)와 창업을 결심했습니다. 가장 필요했던 것은 투자 유치였는데요. 체스키는 당시를 이렇게 회고했습니다. "프레젠테이션은 정말 중요했습니다. 하지만 사업 아이템이 어설퍼 어려웠어요. 그때 샌프란시스코에서 열린 산업 디자인 컨퍼런스에 참여했는데 참가자와 청중을 위한 호텔 객실이 상당히 부족한 것을 깨달았어요. 바로 그거였습니다."

에어비앤비는 1박에 단돈 80달러에 객실과 아침 식사를 제공하는 비즈니스모델을 만들고 이를 연동할 웹사이트를 만들었습니다. 하지만 아침을 매번 제공하는 것이 불가능하다고 곧 판단하고, 객실 연결에만 집중했습니다.

체스키와 게비아의 첫 목표는 라면 수익(Ramen Profitable)이었습니다. CEO가 라면은 사 먹고 살 정도의 수익을 내는 사업 초기 단계를 가리킵니다. 둘은 뉴욕으로 넘어가 에어비앤비 호스트를 섭외하고, 고객들의 숙박 경험을 향상시키는 데 주력합니다.

비즈니스모델이 만들어진 겁니다. 체스키는 "자신과의 대화를 끝내고 수많은 투자자들 앞에서 프레젠테이션을 할 수 있게 됐다"고 당시를 설명했습니다.

둘은 곧 실리콘밸리의 전설로 꼽히는 투자사인 세쿼이어 캐피탈(Sequoia Capital) 앞에 섭니다. 그리고 딱 10페이지 발표를 합니다. 체스키의 설명입니다.

"투자자들은 수많은 스타트업을 만납니다. 모든 것을 다 기억하지 못해요. 우리는 웹이 세상을 바꾸고 시장도 충분하다고 믿었고, 프레젠테이션에는 구체적인 수익모델을 제시했습니다."

"모든 예약에 대해 10% 수수료를 받을 계획이고, 3박 4일 숙박 1,000만 건을 성사시킬 거라는 비전을 제시했습니다. 1박당 70달러에 10%만 받아도 2억 달러라는 수익이 발생하는 것이죠."

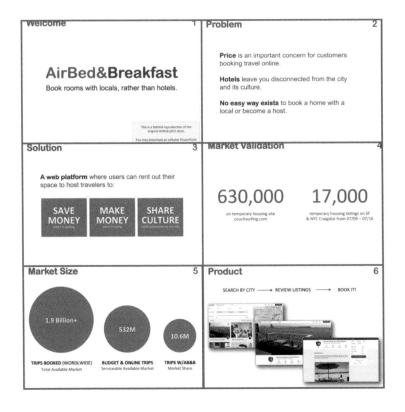

체스키의 발표로 이들은 60만 달러에 달하는 초기 자금을 확보할 수 있었습니다. 에어비앤비의 10장짜리 파워포인트는 오늘날 스타트업 발표에 있어서 교과서 같은 역할을 합니다.

## 유능한 사람이 더 발표를 잘하는 건 더닝크루거 효과

미국 최대 규모의 스타트업 액셀러레이터인 와이콤비네이터(Y Combinator)의 창업자 폴 그레이엄(Paul Graham)은 "라면 수익성을 보여준 스타트업이 투자자 눈에 더 매력이 있게 보였다"고 회고합니다. 와이콤비네이터는 에어비앤비를 육성한 액셀러레이터인데요. 수많은 스타트업이 무료 고객을 먼저 확보한 뒤 규모를 키운 후에야 유료로 전환을 하는 것을 보고 있노라면 투자자 입장에서 불안했다고 합니다. 에어비앤비는 최소한 누군가에게 돈을 지불하게 할 능력을 보여줬다는 점에서 높이 평가를 받았습니다. 이런 메시지를 파워포인트에 함축적으로 담은 것이죠.

마니카 간디(Manika Gandhi) 하버드비즈니스 수석은 프레젠테이션에서 가장 중요한 것은 연습 또 연습이라고 했습니다. 심리학에서는 이를 두고 더닝크루거 효과(Dunning-Kruger effect)라고 합니다. 미국의 심리학자 데이비드 더닝(David Dunning)과 저스틴 크루거

(Justin Kruger)가 1999년 제안한 개념인데요. 무능한 사람은 자신의 능력을 과대평가해 연습을 게을리하는 데 반해, 유능한 사람은 자신의 실력을 제대로 인지해 더욱더 노력을 기울인다고 합니다. 남을 잘 설득하는 프레젠테이션 능력이란 것은 결국 자기 자신과 대화를 통해 핵심적인 스토리를 구성하고 이를 반복해 훈련하는 데 있는 것 아닐까 합니다.

소통

# 성장하고
# 성공하는
# 소통법

# 직장인은 급여체로 말한다

"우리가 상대방의 의도를 파악할 때
언어적 요소는 고작 7%뿐입니다."

– 앨버트 메러비안(Albert Mehrabian) –

조직이 성장하기 위해서는 반드시 협업이 필요합니다. 한두 명의 스타플레이어가 조직에 긍정적인 영향을 미칠 수는 있습니다. 하지만 스타플레이어를 보유한 조직이 최고의 자리에 오르는 것은 아닙니다. 메시, 호날두가 있는 아르헨티나팀과 포르투갈팀이 월드컵에서 항상 좋은 성적을 내는 것이 아닌 것처럼요.

회사에서의 소통은 더 어렵습니다. 이제 막 입사한 MZ 사원부터 30, 40, 50대, 심지어 60대 직원이 함께 모여 소통하는 곳이기 때문입니다. 내 의견을 보다 밀도 있게 전달하면서, 상대방의 의견은 주의 깊은 자세로 경청하는 '스마트'한 방법은 없을까요. 이번 편지에서는 코로나19 이후 급격하게 변하고 있는 직장 내 의사소통에 대해 살펴봅니다.

## 갑과 을의 급여체는 무엇이 다를까

코로나19 이후 비대면이 일상이 되면서 의사소통에도 많은 변화가 일어나고 있습니다. 직장도 마찬가지입니다. 대면이 일상이던 직장 생활에 갑자기 '비대면'이 조금씩 자리 잡기 시작하더니 이제는 상당수의 의사소통이 비대면 상황에서 벌어집니다.

이러한 상황에서 직장인들 사이에서는 '급여체'라는 단어도 회자되고 있습니다. 급여체란 월급을 받으며 일하는 사람이 사용하는 언어를 의미합니다. 학생들이 쓰는 언어를 '급식체'라고 하는 것처럼 말이에요.

급식체와 급여체는 조금 차이가 있습니다. 급식체는 일반적으로 '친분'이 있는 사람들끼리 씁니다. 그들만의 언어로, 평등한 말들이 오고 갑니다. 급여체는 다릅니다. 직장 생활에는 '갑'과 '을'이 존재하거든요. 갑과 을의 급여체 사례를 보고 가겠습니다.

**배태랑 전무:** 퇴근 전까지 회의 때 말한 기획서 올려주실 수 있나요?

**기운찬 팀장:** 네 알겠습니다.

**원기옥 책임:** 넹

**이정도 선임:** 네...

을이 쓰는 급여체의 특징은 초성만으로 쓰지 못한다는 것인데요, 주로 상대방에 응답하는 표현만 씁니다. 네, 넵, 넹, 넵넵, 네 알겠습니다, 네~, 넵! 등이 대표적입니다.

반면 갑의 급여체는 조금 다릅니다. 아래 메시지에서 확인할 수 있습니다.

**이정도 선임:** 방금 보고서를 이메일로 보내드렸습니다.

**원기옥 책임:** 오키요

**기운찬 팀장:** ㅇㅋ

**배태랑 전무:** ㅇ

갑의 급여체는 짧습니다. 어쩌면 그래서 더 오해를 일으킬 수 있습니다. 상사의 답이 ㅇㅋㄷㅋ(오키도키)라면 괜찮은데 'ㅇㅇ'이나 'ㅇ'로 오는 날에는 찜찜하기 짝이 없습니다. '행여라도 갑(팀장, 부장, 선임 등)이 좋지 않은 일이 있나' '내가 뭘 잘못했나' 하는 생각에 주고받은 메시지를 다시 살펴보기도 합니다.

비대면, 메신저 시대에서는 상대방의 기분을 급여체로 파악해야만 합니다. 표정, 감정 등을 드러낼 수 없는 만큼 평소와는 다른 짧은 메시지(정말 바빠서 그런 것인데도)가 오해를 줄 수 있습니다. 100% 정답은 아니지만 짧은 문체가 상대방에게 전달될 수 있는 감정을 정리하면 아래와 같습니다.

**진지하고 기분 좋음:** 좋아요, 오케이!, 굿!, ㅇㅋ!

**귀찮지만 기분 좋음:** ㅇㅋ, ㅇㅇㅋㅋ, ㅇㅋㄷㅋ

**진지하지만 기분 나쁨:** 알겠네, 그래

**귀찮고 기분 나쁨:** 알써, ㅇㅇ, ㅇ


**적극적이고 예의 바름:** 넵넵!, 넵!!, 네넵!

**적극적이고 가벼움:** 넴넴, 넵ㅋㅋ

**수동적이고 예의 바름:** 네에, 네, 넵~, 넵

**수동적이고 가벼움:** 네...넹


이러한 오해(?)가 싫은 일부 갑(상사)은 철저하게 자신만의 답변 스타일을 유지하기도 합니다. 회사 직원과 소통하는 메신저에서는 절대 길게 쓰지 않고 일관된 답변을 하는 겁니다. 을의 답변에 무조건 'ㅇ'이라고만 하는 갑이 실제 있습니다. 이 갑은 메신저에서 절대 긴 말을 하지 않습니다. 간혹 출장을 갔을 때 지시는 내리지만 역시 핵심만 간결하게 전달합니다. 을의 보고서에 첨언이 필요하면 길게 말하지 않고 대면을 요청합니다. 문자 하나에도 고민해야 하는 것이 많은 '요즘 시대'입니다.

## 글자에도 감정이 있다

글자에는 감정을 담기가 쉽지 않습니다. 이는 동서양과 시대를 막론하고 항상 고민거리였습니다. 조선을 부흥시킨 정조 대왕(재위 1776~1800년). 그는 다혈질이고 흥분을 잘 참지 못하는 왕(상사?)이었습니다. 그래서 영의정 심환지에게 보낸 편지에서 "나는 부딪히면 바로 폭발한다"고 적기도 했고, 기쁜 일이 있으면 'ㅋㅋ'에 해당하는 呵呵(가가)라는 단어를 적어 편지에 보내기도 했습니다. 앞서 이야기한 '갑의 급여체'와 비슷합니다.

서양도 마찬가지입니다. 감정 표현이 서문에 본격적으로 등장한 것은 느낌표 '!'인 'exclamation mark'가 태어난 이후라고 알려져 있습니다. 느낌표는 14세기 이탈리아에서 태어나 다양한 용도로 쓰이다가, 19세기에 접어들면서 확실한 기분을 표현할 때 사용되기 시작했습니다. 대문호 빅토르 위고는 《레 미제라블》을 출판사에 넘길 때 '?'라고 편지를 보냈는데요, 출판사는 '!'라고 했다고 합니다. 1862년의 일입니다. "내 글 어때?" "좋아!"라는 숨은 뜻이 느껴지시나요.

국내에서 'ㅎㅎㅎ'라는 표현을 문학에서 쓴 것은 1963년 전상국 작가입니다. 그는 '동행'이라는 소설 마지막 장면에서 이런 표현을 처음 썼습니다. "ㅎ, ㅎㅎ… ㅎㅎㅎ…"

전상국 작가는 왜 이런 표현을 했냐는 질문에 "'하하'는 식상하고 유치했어요. 사실 감정은 추상적이죠. 그런데 이것을 또렷하게 표현하는 것은 어색했습니다"라는 답을 남겼습니다. 'ㅎㅎㅎ'라고 쓰면 읽는 사람의 느낌에 따라 흐흐흐도, 하하하도 허허허도 될 수 있다는 해학이었습니다.

컴퓨터가 발전하고 메시지가 보편화되면서 문장에 그림을 덧붙이는 '이모티콘 이모지'가 탄생합니다. 이모티콘의 시작은 1999년 일본의 통신사 NTT 도코모로 알려져 있습니다. 당시 회사는 문자로만 소통하면 서로의 의중을 파악하기 어렵다는 이유로 이모티콘을 그림으로 형상화한 문자를 만들었습니다.

이후 2008년 6월 애플이 일본에 아이폰을 출시할 때 이를 반영했습니다. 손정의 소프트뱅크 회장이 일본에서는 메시지를 보낼 때, 이모티콘을 반드시 사용한다면서 그림문자 세트를 도입해달라고 요청했고 애플이 이를 받아들이면서 본격 스마트폰에 장착됐습니다.

# 귀족 전문 출판사가 만든
# 메신저 에티켓 가이드라인

호모 사피엔스는 항상 협업하며 진화해 왔습니다. 함께 사냥을 하고, 함께 음식을 만들었습니다. 모여서 부족을 이루고 함께 고민하며 의견을 나눴습니다. 협동은 인간이 지구를 지배하게 만든 가장 큰 원동력이라고 해도 과언이 아닐 겁니다.

협업이 일상화되다 보니 발생하는 문제가 있습니다. 바로 '침범'입니다. 자신의 영역에 타인이 들어오는 일이 빈번했는데, 이에 대한 최소한의 가이드라인이 바로 '에티켓'입니다. 동양에서는 이를 '예의'라고 표현했고요.

에티켓이라는 용어는 사실 프랑스어인 'Estiquier'에서 유래했습니다. 뜻은 '출입금지'입니다. 루이 14세가 프랑스를 다스리던 17세기. 베르사유 궁전에서는 정치가 꽃피었습니다. 루이 14세는 귀족들을 억누르고자 베르사유를 중심으로 귀족들을 모여 살게 했는데요, 그러다 보니 수많은 귀족들이 궁전으로 몰려들었습니다.

문제는 화장실이었습니다. 당시 귀족들은 변기를 가지고 다녔기 때문에 베르사유에는 화장실이 하나도 없습니다. 귀족들은 하인들이 변기를 들고 다녀서 상관없었겠지만, 문제는 평범한 일반인이었습니다. 화장실이 없다 보니 사람들은 생리 현상을 해결하고자 정원으로 뛰어 갔습니다.

머리가 지끈거린 것은 바로 정원사였습니다. 그래서 정원 곳곳에 이런 푯말을 붙였습니다. Estiquier(출입금지)! '여기서 볼일 보지마!!!' 즉, 에티켓이란 일종의 금지 기준선입니다.

이후 에티켓을 프로토콜로 정립한 회사가 영국에서 등장했습니다. 바로 영국의 디브렛(Debrett)이라는 회사인데요. 1753년 태어난 존 디브렛이 설립한 출판사입니다. 인물 사전을 만들던 기업이 이제는 글로벌 에티켓을 만드는 기업이 되었습니다.

디브렛이 최근 주목 받았던 것은 메타와 협업 때문인데요. 메신저 시대의 에티켓이라는 규범을 만들었습니다. 메신저가 일상화되다 보니, 상대방에 넘지 말아야할 선이 있다는 메시지입니다. 다음은 디브렛이 이야기하는 업무용 메시지 작성법의 에티켓입니다.

· **어조에 주의하세요:** 메시지는 어조인 톤부터 철자법까지 다양한 면에서 사용자를 투영합니다. 때문에 메신저를 잘 쓴다는 것은 좋은 인상을 심는 것과 같습니다.

· **짧고 간결하게 쓰세요:** 너무 긴 글은 상대방에 대한 민폐입니다. 글은 매우 명쾌하고 간결하게 쓰되, 상대방이 그래도 이해를 못할 경우 이모티콘을 사용합니다.

· **반복적으로 메시지를 전송하지 마세요:** 한 번 보내면 될 메시지를 계속해서 반복해서 보내지 마세요. 받는 사람이 매우 스트레스를 받습니다.

· **공유할 때는 주의하세요:** 다른 사람과 주고받은 메시지를 캡처해서 보내는 것

은 매우 무례한 행동입니다. 이건 누군가의 사생활을 폭로하는 것과 같습니다.

· **단톡방은 단톡방이죠:** 단체 채팅 중 특정인에게 개인적인 질문을 하는 것은 예의에 어긋나는 행동입니다. 개인적 질문을 주고받다 보면 다른 사람이 알아서는 안 될 것이 누출되기도 하고 여러 사람이 피로를 느낍니다.

· **읽기를 강요하지 마세요:** 단체 채팅에서 답이 없더라도 강요하면 안 됩니다. 다만 읽은 분들은 '좋아요'를 살포시 눌러주면 됩니다. 만약 아무도 답신이 없다면, 24시간 뒤 젠틀 리마인드를 해주면 됩니다. "읽어보셨지요?" 하고요

· **답장은 빨리 보내세요, ASAP! :** 업무용 메신저라면 답장은 빨라야합니다. ASAP 너무 바쁘더라도 "죄송합니다만, 현재 다른 업무 중이라 해당 건을 마치고 연락을 드리겠습니다" 정도만 보내도, 상대방은 당신을 전문성 있는 사람으로 인식할 것입니다.

· **잠수타지 마세요:** 미국에선 이를 고스팅이라고 하는데요. 일명 읽고 답변 안 하는 읽씹! 누군가의 문자를 무시하는 것은 매우 예의에 어긋나는 행동입니다. 무려 22%가 이런 고스팅을 한다는 조사도 있습니다.

# 에티켓을 지키며
# 전달하라

메신저는 오늘날 대면만큼 중요한 소통 방식이 됐습니다. 그만

큼 메신저에 응답만 잘 하더라도 매우 프로페셔널한 직장인처럼 보일 수 있다는 생각이 듭니다. 한 조직이 성장하기 위해서 반드시 협업이 필요하고, 그만큼 소통을 잘한다는 것은 그 조직이 잘 성장하고 있다는 증거라고 믿습니다. 불필요하게 상대방의 시간을 빼앗지 않으면서도 메시지를 잘 전달하는 기술은 오늘날 특히 중요해지는 것 같습니다.

비즈니스 컨설턴트인 브라이언 트레이시는 "커뮤니케이션은 배울 수 있는 기술"이라면서 "기꺼이 노력한다면 삶의 모든 부분의 질을 빠르게 향상시킬 수 있다"고 강조했습니다. 그만큼 누군가와 소통하는 것은 훈련을 통해 발전시킬 수 있다는 메시지입니다. 극작가인 조지 버나드 쇼는 "커뮤니케이션에서 가장 큰 문제는 커뮤니케이션이 이루어졌다는 착각"이라는 일침을 가하기도 했습니다.

혼자만 만족하고 대화를 이어간다는 것은 진정한 소통이 아니라는 가르침입니다. 그리스의 철학가이자 사상가, 플라톤이 남긴 말은 디지털 시대에도 큰 울림을 줍니다.

"현자는 할 말이 있기 때문에 말하고, 어리석은 사람은 무엇인가 말해야 하기 때문에 말한다."

# 질문이 성장의 차이를 만든다

"내게 인생이 달린 문제를 풀 1시간이 주어진다면,
55분은 적절한 질문을 찾는 데 쓰고,
나머지 5분은 정답을 찾는 데 쓸 것이다."

– 알베르트 아인슈타인(Albert Einstein) –

기업 최고경영자(CEO)가 회사에서 가장 많이 하는 일이 무엇인
지 아나요? 바로 '질문'입니다. 현재 사업 현황에 대해 보고를 받
고, 현 상황을 질문합니다. 고객사 대표를 만나면 그들의 이야기
를 듣고 어떤 방향으로 사업을 이끌어 나갈 수 있을지 고민하며
묻습니다.

비단 CEO뿐만이 아닙니다. 함께 일하는 팀장, 선배, 동기, 후
배 모두에게 질문은 상당히 중요합니다. 자신이 모르는 것을 정확

하게 질문할 줄 알아야 하고, 질문을 받은 사람은 적절한 답변을 해줘야 합니다. 질문이 좋을수록 조직의 생산성은 올라가기 마련입니다.

하지만 우리는 무엇이 좋은 질문인지 배운 적이 없습니다. 질문하는 방법도요. 교육의 차이라 할 수 있지만 우리는 질문하는 것을 '권장 받지' 않았습니다. 그래도 우리는 질문을 해야 합니다. 질문 '잘' 하는 법을 찾아보겠습니다.

## 질문 많이 하는 사람이
## 정말 귀찮을까?

사람은 왜 질문을 할까요? 궁금해서? 원하는 답을 얻기 위해서? 한 실험이 힌트를 줍니다. 지난 2019년 하버드대학 연구진은 온라인 채팅과 데이팅 앱을 이용해 재미있는 실험을 기획합니다. 어떤 사람들에게는 15분 동안 9개 이상의 많은 질문을 하도록 했고, 또 다른 참가자들에게는 15분 동안 4개 이하의 적은 질문을 하도록 했습니다. 채팅 상대는 무작위로 연결했어요. 그리고 질문 개수에 따른 호감도를 조사했습니다.

실험 결과 질문을 많이 한 참가자들은 파트너에게 더 많은 호감을 얻은 것으로 나타났습니다. 어찌 보면 당연한 결과입니다. 질문을 많이 한다는 것은 내게 관심이 많음을 의미하니까요. 데이팅 앱에서 한 실험도 같은 결과가 나왔습니다. 질문을 많이 한 쪽은 애프터를 받을 확률이 높았습니다. 반면 질문을 딱 한 번만 한 사람은 20번에 달하는 무작위 데이트에서 애프터를 단 1번밖에 받지 못했습니다.

질문을 연구하는 학자들은 사람들이 질문을 하는 이유를 크게 두 가지로 꼽습니다. 첫째는 정보 교환, 둘째는 앞서 언급한 실험처럼 호감도 상승입니다. 즉, 질문을 제대로 정확하게 할 수 있다면 많은 정보를 얻을 수 있을 뿐 아니라 호감 있는 사람으로 남을 수 있습니다.

## 좋은 답을 이끄는
## 질문의 요령

질문을 할 때도 고려해야 하는 것들이 있습니다. 아래는 예시를 볼까요?

· **도입형 질문**: 상대방의 호감을 유발하는 질문입니다. "안녕하세요! 점심은 드셨어요?"

· **거울형 질문**: 상대방을 배려하는 질문입니다. 상대방이 물었을 때 "전 엄청

좋았어요. 당신은 어떠셨나요?"

· **전환용 질문:** 내가 얻어야 할 정보가 있을 때 하는 질문도 있습니다. "제가 잘 몰라서 그러는데요. 사실 궁금한 게 있어요."

· **후속용 질문:** 더 얻어야 할 정보가 있을 때 하는 질문입니다. "아 역시 대단하세요. 근데 이건 어떻게 하신 건가요?"

4가지 질문의 유형에서 좋은 질문이 고려해야 할 것은 크게 두 가지 입니다. 바로 정보 교환과 호감입니다. 중요한 점은 아무리 호기심이 많다고 해서 상대방을 심문하듯 대해서는 안 된다는 것입니다.

예를 들어 "너 이거 어떻게 한 거야? 정말 네가 한 거 맞아? 네가 이걸 할 수 있다고? 정확히 말해봐."

정말 무엇인가가 궁금하다면, 심문 투로 공격적으로 말하지 말고, 질문의 다음 두 가지 유형을 잘 활용하면 됩니다. 아래 예를 가지고 왔습니다.

· **개방형 질문:** 궁금한 것이 명확하지 않을 때 하는 질문입니다. "이번 프로젝트가 실패한 원인은 뭐라고 생각하나요."

· **폐쇄형 질문:** 궁금한 것이 매우 좁혀져 있을 때 하는 질문이에요. "이번 프로젝트의 실패 원인은 인력 부족, 재원 부족일 것 같은데요. 둘 중 무엇이라고 생각하나요?"

개방형 질문은 상대방과 대화를 하면서, 궁금증을 좁혀갈 때 활용합니다. 저는 개인적으로 인터뷰를 할 때 이러한 유형을 자주 사용합니다. 질문을 하고, 얻은 답을 기반으로 점점 깊은 내용을 묻는 형태입니다. 개방형 질문은 상대방한테 선택권을 줘서 호감을 얻기가 수월하지만, 상대방이 거짓말을 할 가능성이 큽니다.

반면 폐쇄형 질문은 호감을 사는 데 목적이 있지 않고, 거짓말할 가능성을 줄이려고 할 때 활용합니다. 때문에 협상에서는 주로 폐쇄형 질문을 사용하는데, 특히 엄마들이 이 방법을 본능적으로 사용합니다.

"이거 네가 한 짓이니? 맞아? 틀려?"

## 질문의 높낮이를 활용하는
## 기자의 질문법

상대방한테 먼저 말을 건네는 것은 어렵습니다. 낯선 환경에서 질문하는 것 역시 그렇습니다. 그래서 흔히 아이스브레이킹(Icebreaker)을 합니다. "이름은 뭔가요? 취미는 뭔가요? 오늘 날씨 좋지 않나요?" 그러면서 차츰 원하는 방향으로 질문을 시작합니다.

이는 기자들이 인터뷰를 할 때도 많이 사용하는 방식입니다. 인터뷰이와 마주 앉은 상황에서 다짜고짜 질문을 하면 상대가 어려워

할 수 있습니다. 자칫하다간 인터뷰 시간 내내 원하는 답을 이끌어 내지 못할 수도 있어요. 그래서 가벼운 질문부터 시작해 질문을 이끌어 나가곤 합니다.

"사무실 들어올 때 보니까, 회사 분위기가 좋아 보여요. 직원들을 위한 특별한 복지 같은 게 있나요?(없다면 낭패…)"와 같은 질문으로 가볍게 '태핑'을 합니다. 쉬운 질문에서 시작해 어렵고 높은 질문으로 가는 '오름식 질문'입니다.

이 방법이 꼭 옳은 것은 아닙니다. 어쩔 때는 무겁고 높은 질문에서 시작해, 점차 낮은 질문으로 향하는 내림식 질문이 효과적일 때가 있어요.

하버드대학 행동과학자인 레슬리 존 교수는 고객으로부터 정보를 얻는 방법을 연구했는데요. 민감한 질문을 먼저하고, 비교적 덜 민감한 질문을 할 때 원하는 정보를 얻을 가능성이 높다는 사실을 발견했습니다. 예를 들어, 이런 순서입니다.

**질문1:** 누군가에게 끔찍한 짓을 하고 싶다는 상상을 해 본 적이 있나요?
**질문2:** 회사를 쉬려고 핑계를 대고 아프다고 병가를 쓴 적이 있나요?

처음부터 질문1을 바로 하면 원하는 답변을 얻지 못하지만, 질문1을 하고 난 뒤 질문2를 할 경우 질문2에 대한 답변을 비교적 쉽게 얻을 수 있습니다. 개인적으로 어려운 인터뷰이를 만나면, 이런 방법을 쓰기도 합니다.

출구를 열어놓는 것도 방법입니다. 사람들은 출구가 있을 때보다 솔직해집니다. 직장 상사가 "지금부터 하는 답변은 다 책임이 없어요. 생각도 바꿀 수 있고, 하고 싶은 말을 하세요!"라고 한다면 팀원들은 솔직해집니다. 더욱이 팀원들은 자신이 한 답변을 번복하지도 않습니다. CEO가 주도하는 경직된 임원회의보다는, 책임이 덜한 실무진 간 브레인스토밍 회의에서 창조적 답변이 많은 이유입니다.

## 업젠 한기용 대표 인터뷰:
## 좋은 기업은 질문을 마음껏 할 수 있는 기업

질문이 있으면 답이 있습니다. 회사에서는 이를 '피드백'이라고 합니다. 팀원이 잘하고 있는지, 개선할 부분이 있는지 '성장'을 북돋아 줍니다. 사내에서 피드백은 매우 중요합니다. 성과를 높여주고, 직무 만족도를 향상해주니까요. 《실패는 나침반이다》라는 책을 쓴 스타트업 멘토인 한기용 업젠(Upzen) 대표를 만나 직장 생활에서 피드백에 대해 이야기를 나눠봤습니다.

Q. 삼성전자, 야후, 유데미에서 개발자로 일하고 창업도 해보고, 스타트업에서도 몇 차례 일하셨네요. 훌륭한 기업에만 있는 공통점 같은 것이 있을까요?

가장 좋은 회사요? 있죠. 주니어들이 걱정하지 않고 다니는 회사입니다.

Q. 걱정하지 않고 다니는 회사란 어떤 의미인가요?

많은 주니어 직원들은 늘 이런 고민을 해요. "이 회사에 계속 머물면, 성장이 정체되는 것 아닐까?" 하고요. 기업명을 밝히기는 어렵지만, 주니어들이 이런 고민을 하지 않는 회사는 정말 분위기가 좋습니다.

Q. 이들 기업의 특징은 무엇일까요?

질문을 쉽게 할 수 있는 '환경'을 갖고 있다는 것이 공통점이에요. 일반적으로 주니어 직원은 매니저하고 만나더라도, 자기 본심을 쉽게 이야기하지 않는데요. 조용한 회사는 의견 충돌은 없지만, 발전이 더딜 수 있습니다.

Q. 질문이 많이 나오는 회사가 좋은 회사군요?

그렇죠. 건강한 충돌이 있어야, 좋은 의사결정을 내릴 수 있습니다. 카카오가 초창기 때 '신충헌'이라는 표현이 있었어요. 신뢰, 충돌, 헌신의 약자인데요. 각자 자유롭게 이야기하고 충돌하되, 결정된 것은 따르고 헌신하라는 메시지입니다. 많은 분이 착각하는 것이 있어요. 실리콘밸리가 수평적이라고 알고 계시지만, 의사결정 과정은 결코 수평적이지는 않습니다. 수평적 관계 속에서, 수직적으로 일하는 것이 다반사입니다. 미국에서는 연봉 협상을 하면, 거의 이의 제기를 하지 않아요. 피드백을 통해 충분히 예상하고 있고 결과를 따르기 때문입니다.

Q. 상사가 건강한 피드백을 주는 기업이, 훌륭한 기업이라고 강조하셨습니다. 그런데 피드백을 하면 잔소리꾼으로 보일까 봐 다들 잘 안 하려고 하던데요?

아닙니다. 피드백을 하지 않으면, 조직에서 대화가 끊깁니다. 직장 상사는 항상 구성원에 강한 호기심을 갖고 있어야 합니다.

**Q. 예를 들어 주실래요?**

정말 일 잘하는 개발자 후배가 있었어요. 하지만 어느 날부터 집중을 못하더라고요. 시간을 주면 다시 올라오겠지 생각을 했는데요, 그러지 못했습니다. 나중에 안 일인데 이혼 소송을 준비하고 있었더라고요. 항상 누군가의 행동이 변한다면, 다 그 이유가 있어요.

**Q. 후배들한테 사생활을 물어보면 '꼰대' 취급받을 것 같은데요?**

절대 안 그래요. 개인의 삶과 일은 완벽히 분리가 어려워요. 매니저 툴 기업을 만든 마크 호르츠만이 저술한 《효과적인 매니저》(Effective manager)라는 책에도 나오는데요. 유능한 매니저는 구성원이 자녀는 있는지, 몇 명인지, 심지어 아이 이름마저 외우고 있어야 한다고 해요.

**Q. 너무 지나친 간섭 아닐까요?**

그렇지 않아요. 만약 구성원이 아이가 아파서 병원에 간다고 하면, 전혀 공감할 수 없겠죠? 상사와 후배 간에 간극이 있으면, 이런 호소에 전혀 공감을 할 수 없습니다.

한기용 대표는 개인 생활이든 조직 이야기이든 어려운 대화를 잘 꺼낼 수 있는 회사가 곧 좋은 회사라고 했습니다. 진심을 다해서, 인간적인 모습을 갖고, 1대1 미팅을 최대한 하면서, 신뢰를 쌓는 것이 중요합니다. 물론 우리네 회사 환경에선 낯선 일이긴 해요.

"이런 행동은 좀 삼가 주세요" 하면 구성원은, "팀장이 날 싫어하고 있구나" 하고 오해하기 십상이죠. 오해를 안 사려고 상사들은 피드백을 잘 하지 않습니다. 이런 무응답은 악화의 원인입니다.

한기용 대표는 피드백 절차를 이렇게 설명합니다.

① **기대해 보기:** "오 저렇게 훌륭한 능력을 갖고 있는 팀원이라면 최소한 이 정도 일은 식은 죽 먹기로 할 수 있을 것 같은데."

② **관찰해 보기:** "근데 A라는 일은 잘 하는데, B라는 일은 왜 안하려고 하는 것일까. 내일도 관찰해 볼까."

③ **간극 좁히기:** (팀원을 불러서) "처음 제가 당신을 봤을 때는, 정말 다재다능하다는 인상을 받았어요. 그래서 A일도 잘하는 것을 보고 놀랐는데, B일은 왜 안 하고 있나요?"

# 질문은
# 나를 찾는 과정

질문과 답변하는 방법을 살펴봤는데요. 질문은 꼭 상대방에게만 하는 것은 아닙니다. 우리네 삶 역시 질문과 답변의 연속이기 때문인데요. 알베르트 아인슈타인은 호기심과 질문을 성장에 있어서 가장 중요한 요소라고 강조했습니다. 그러면서 이런 명언을 남겼습니다.

"내게 인생이 달린 문제를 풀 1시간이 주어진다면, 55분은 적절한 질문을 찾는데 쓰고, 나머지 5분은 정답을 찾는데 쓸 것이다."

저도 그렇지만, 많은 사람들은 질문을 주저합니다. 남들 눈에 띄기 싫어서, 굳이 나서면 일을 떠 넘겨받을까 봐, 다양한 이유가 있습니다. 하지만 질문하는 능력은 곧 성장하는 힘입니다. 삶에 대한 질문을 파고들다 보면 언젠가 그 해답을 찾을 수 있다고 믿습니다. 질문은 곧 성장입니다.

# 실리콘밸리 방식으로 피드백하라

"조언은 눈과 같다.
부드럽게 내릴수록 오랫동안 기억되고
마음속 깊이 스며든다."

– 새뮤얼 테일러 콜리지(Samuel Taylor Coleridge) –

직장 생활을 하다 보면 의도치 않게 상처를 주기도 하고, 또 받기도 합니다. 상처를 주기 싫어하는 소심한 사람은 상대의 잘못된 행동에 혼자 끙끙 앓으며 스트레스를 받기도 하고요. 상처를 주려고 한 것이 아니었는데 상대방의 예상치 못한 반응에 놀라기도 하고, 또 상대방의 말이 나쁜 의도가 아님을 알면서도 혼자 상처받기도 합니다.

회사 생활을 하면서 누군가의 업무에 대한 '피드백'은 반드시 필요합니다. 피드백을 통해 부족한 점을 채우고 성장할 수 있습니다. 하지만 피드백 과정이 익숙지 않으면 괜한 상처만 남고 조직의 생산성은 떨어지게 됩니다. 상처를 주지도 않고, 받지도 않으면서 업무 피드백을 주고받을 수 있는 방법이 없을까요.


## 한국에도 가능할까?
## 실리콘밸리의 솔직한 피드백


실리콘밸리의 피드백 문화에 관한 책을 내서 큰 성공을 거둔 사람이 있어요. 《실리콘밸리의 팀장들》을 쓴 킴 스콧이에요. 그는 구글과 애플에서 일한 경험을 책으로 냈습니다. 원제는 'Radical Candor(완전한 솔직함)'이고, 피드백과 관련해 중요한 포인트를 다루고 있습니다. 많은 사람들이 이 책에 높은 별점을 주었는데요, 차근차근 살펴보겠습니다.

킴 스콧은 특히 상사(Boss)의 입장에 서서 직원들을 어떻게 대해야 하는지에 대해 다뤘습니다. 그는 '개인적 관심'을 y축에, '직접적 대립'을 x축에 두고 사분면을 그렸어요. 개인적 관심이란 개인사를 공유한다는 것이 아니라 인간적으로 상대(부하직원)를 대한다는 것을 뜻해요. 직접적 대립은 충돌한다는 것이 아니라 어떤 문제에 대해서 회피하지 않고 정면 돌파한다는 뜻입니다. 이 두 가지를 축으

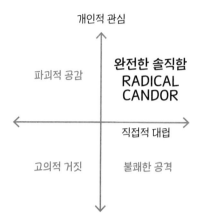

로 그는 상사를 크게 4가지 유형으로 나눌 수 있습니다.

· **불쾌한 공격 유형:** 상대를 인간적으로 대하지 않으면서 솔직하게 피드백을 하는 사람을 뜻합니다. 직원의 감정은 신경 쓰지 않는 상사입니다. 우리가 상상하는 전형적인 '꼰대' '갑질 상사'를 말해요.

· **파괴적 공감 유형:** 상대를 인간적으로는 존중하지만 솔직하지 않은 피드백을 하는 사람입니다. 착한 상사 콤플렉스라고 할까요? 좋은 사람이긴 하지만 상대의 성장을 만들지 못하기 때문에 직원에게도, 조직에도 파괴적인 결과를 만드는 성격이라고 볼 수 있습니다.

· **고의적 거짓 유형:** 인간적으로 대하지도 않고 솔직하지도 않은 사람입니다. 겉으로는 '하하하' 웃다가 뒤에서는 칼을 꽂는 상사라고 표현하면 될 것 같아요. 나쁜 상사입니다.

· **완전한 솔직함 유형:** 킴 스콧은 인간적으로 상대를 대하면서도 솔직하게 피드백을 하는 '완전한 솔직함(Radical Candor)'을 갖춘 사람이 가장 이상적인 상사라고 주장합니다. 그래프에서 보면 2사분면에 위치한 사람이에요. 부하직원을 걱정하는 마음, 상대의 성장을 바라는 마음으로 솔직하게 피드백을 하면 상대도 그 뜻을 알아주고, 조직의 발전도 만들 수 있다는 것입니다. 그가 다닌 실리콘밸리의 기업들은 이런 문화를 갖고 장려하고 있었다고 해요.

'완전한 솔직함'에 공감하시는 분들이 많을 거예요. 특히 리더로서 직원에게 피드백을 해야 하는 입장에 있다면요. 하지만 '한국사회에서 이런 솔직함이 가능할까'라고 물어본다면 회의적인 얘기를 하는 분도 많을 것 같습니다.

상사가 아랫사람에게 솔직한 피드백을 하는 것이 점점 어려워지고 있어요. 이는 고의적 거짓과 파괴적 공감이 많아진다는 말과 같습니다. 역으로 부하직원이 솔직한 피드백을 상사에게 하는 것도 여전히 쉽지 않은 상황이에요. 나이와 직책을 따지는 한국문화에서는 상사에게 반대의견을 내기가 어려워요. 그렇다면 비교적 젊고, 수평적인 관계인 스타트업은 가능할까요. 많은 스타트업에도 소위 말하는 '젊은 꼰대'들이 있습니다.

피드백은 본질적으로 인간관계를 바탕으로 하고 있습니다. 개인적인 감정뿐 아니라 사회적인 위치도 영향을 끼친다는 거예요. 스콧 킴도 여성이나 소수 인종이 '솔직한 상사'가 되었을 때 조직

내에서 받을 수 있는 불이익이 있다고 설명하고 있습니다. 직장에서 일하는 사람들이 모두 백인 남성들일 때라면 서로 솔직하게 대해도 별 상관이 없지만, 흑인 여성이 이렇게 솔직한 상사가 되면 조직 내에서 오히려 '악명'을 얻을 수도 있다는 거예요.

사실 이처럼 '솔직한 피드백'이 수평적 문화가 자리 잡은 실리콘밸리에서도 만연해 있다고 보기 힘듭니다. 누구든 상처를 주고 싶지 않고, 받고 싶지도 않아서 수평적 문화를 가진 미국에서도 상대에게 솔직한 피드백을 주는 것은 쉬운 일이 아닙니다. 미국의 두 CEO가 남긴 글을 정리해봤습니다.

## 피드백하기 전
## 따져봐야 할 두 가지 관문

세스 베스머트닉(Seth Besmertnik)은 마케팅 회사를 창업했습니다. 회사의 이름은 컨덕터(Conductor)입니다. 2018년 회사를 위워크에 팔았는데 위워크의 리더십에 문제가 발생하자 다시 회사를 사들인 특이한 경력을 가지고 있어요.

그는 2008년부터 CEO로 일했는데 직원들에게 피드백을 주는 것이 항상 힘들었다고 해요. 그는 사람을 자존심, 자아 같은 방어기제로 자신의 연약한 '코어'를 보호하고 있는 존재로 생각합니다. 사람을 변화시킬 피드백을 주려면 이 방어막을 뚫고 들어가야 하는데요. 이 방어막을 뚫고 들어가려면 두 개의 관문을 통과해야 한다고 이야기합니다. 첫 번째는 '존중(Respect)의 관문'입니다. 당신이 상대를 진심으로 존중하고 대단하다고 생각하지 않으면 상대는 그걸 본능적으로 알아차리고 맙니다. 그렇기 때문에 피드백을 주기 전에 그 사람의 장점을 하나하나 적어보거나, 내가 말하고 싶은 내용을 녹음해서 다시 들어본다고 합니다.

두 번째는 '의도(Intention)의 관문'입니다. 아무리 상대를 존중하고 피드백의 내용이 좋다고 해도 그 목적이 상대를 돕는 것이 아니라면 이 문을 통과할 수 없어요. 만약 피드백을 하는 이유가 그냥 내가 상사라서 라든지 아니면 스스로의 기분이 좋아지기 위해서라면 역시 이 문을 통과할 수 없습니다.

만약 당신이 상대를 진심으로 존중하는 마음에서 도와주겠다는 의도로 피드백을 한다면 그 피드백은 그의 '코어'에 닿을 수 있고 진심으로 그를 바꿀 수 있습니다. 세스 베스머트닉은 피드백을 했을 때 상대의 즉각적인 반응으로 성공 여부를 판단하지 말라고 강조합니다. 화를 낼 수도 있고 방어적으로 나올 수도 있는데 그건 인간의 어쩔 수 없는 속성이니까요. 당신의 피드백은 긴 시간에 걸쳐 그 사람의 삶에 영향을 미치게 되니까 너무 조급해하지 말라는 것입니다.

# 피드백이 가진
# 세 가지 층위

데보라 리우(Deborah Liu)는 이베이, 페이스북 임원 등을 거쳐 지금은 안세스트리(ancestry)의 CEO를 하고 있습니다. 그는 여성이면서 아시안으로 미국 남부 캐롤라이나에서 자라오면서 항상 스스로가 사회에서 '타인'이라는 느낌을 받았다고 합니다. 그래서 부정적인 피드백을 받아들이는 것에 어려움을 겪었습니다. 하지만 어느날 소통의 어려움에 대해 자신의 커리어 코치에게 얘기한 후 이런 피드백을 받았습니다.

"당신 머리 속에서 영화를 찍지 마세요. 대신 다른 사람 머리 속 영화를 보세요."

다른 사람의 피드백을 스스로 해석하느라 고통받지 말고 다른 사람이 피드백을 한 의도와 목적을 파악하라는 뜻입니다. 종종 상처는 스스로 그걸 해석하는 과정에서 걷잡을 수 없이 커지는 경우가 많으니까요.

데보라는 피드백을 세 가지 층위로 봐야 한다고 말합니다. 핵심은 피드백을 하는 사람의 '의도(intent)'입니다. 그리고 이 의도가 드러나는 모습이 '태도(behavior)'죠. 이 태도가 받아들이는 사람에게 어떻게 보이느냐가 '지각(perception)'입니다.

피드백을 하는 사람에게는 확실한 의도가 있습니다. 하지만 그

의도를 받아들이는 사람은 다르게 지각할 수 있습니다. 이걸 이해하면 상대가 피드백을 하는 의도를 파악하는 게 중요하다는 것을 깨닫게 됩니다. 반대로 피드백을 하는 입장에서는 내 의도와 태도가 어떻든 상대가 그걸 어떻게 받아들이느냐가 중요하다고 생각해볼 수 있습니다.

## 솔직한 피드백은
## 선물이다

모든 피드백은 인간관계라는 맥락 안에서 이뤄집니다. 내가 좋아하는 사람, 친한 사람이 주는 피드백과 내가 싫은 사람, 모르는 사람이 주는 피드백은 완전히 다르게 받아들여집니다. 그렇다면 우리는 인간관계 때문에 나에게 진짜 도움이 되는 피드백을 놓치고 있는 것은 아닐까요? 정말 좋은 피드백(존중과 의도의 관문을 통과한 피드백)은 사람의 인생을 바꿔놓을 수도 있으니 열린 마음으로 그것을 받아들이라고 데보라는 조언합니다.

피드백을 어떻게 주고받을 것인가에 관해 정답은 없습니다. 각 조직의 기업문화가 다르고, 일하는 방식이 다를 뿐 아니라 피드백을 받아들이는 사람의 성향이 다르기 때문입니다. 이 모든 경우의 수를 따져 각 상황에 맞는 방법을 찾는 일은 무의미합니다.

하지만 피드백과 관련해 큰 원칙은 그려놔야 합니다. 바로 '솔직한 피드백'입니다. 솔직한 피드백은 개인, 조직에게 긍정적인 효과를 낼 수 있음을 항상 떠올려야 합니다. 더불어 상대가 노련하지 않은 모습으로 피드백을 주더라도 상처받지 않고 내게 필요한 것만 받아들이는 자세가 필요합니다. 나 역시 누군가에게 피드백을 할 때는 필요한 말만 냉확히 전달하는 연습도 필요합니다.

좋은 피드백은 나뿐 아니라 조직을 발전시킵니다. 영국의 시인이자 비평가인 새뮤얼 테일러 콜리지가 남긴 말로 글을 마무리하려 합니다.

"조언은 눈과 같다. 부드럽게 내릴수록 오랫동안 기억되고 마음 속 깊이 스며든다."

# 화를 없애는 과학적인 방법

"모욕을 받고 이내 격분하는 사람은
강이 아닌 조그마한 웅덩이에 불과하다."

– 레프 톨스토이(Lev Nikolayevich Tolstoy) –

직장 생활을 하다 보면 화가 날 때가 많습니다. 이유는 다양합니다. 후배가 일을 엉망으로 해오거나 대화가 통하지 않을 때, 상사가 이상한 오더를 내리거나 말이 바뀌었을 때, 난 잘못한 게 없는데 내게 책임을 전가할 때, 동기가 내 마음을 몰라줄 때….

쓸쓸한 직장인은 항상 화를 참고 억누르며 살아갑니다. 이러한 상황에서도 우리는 직장 동료와 소통하며 일을 해나가야 합니다. 좋은 방법이 없을까요.

참는 것이 능사가 아닙니다. 화가 났을 때, 이를 효과적으로 풀고 소통하는 과학적인 방법을 찾아봤습니다.


## 화가 나면 찢어라


2024년 4월 〈사이언티픽 리포트〉에 게재된 논문을 소개합니다. 제목이 흥미롭습니다. "화가 나게 된 원인을 종이에 적은 뒤 찢어버리면 화난 감정이 사라진다."

일본 나고야대학의 연구진은 500명 대학생을 대상으로 간단한 실험을 진행했습니다. 먼저 종이에 '공공장소에서의 흡연은 금지되어야 한다'와 같은 문구를 쓰게 했어요. 그 뒤 이 종이를 다른 참가자에게 전달했습니다.

종이를 받은 사람은 이 글에 '모욕적인 댓글'을 달았습니다. 예를 들어 "공공장소에서 흡연은 금지되어야 한다"라는 문구 아래에 "대학 교육을 받았다는 사람이 이런 생각을 하는 게 믿기지 않는다" "제정신이냐"와 같은 일명 '악플'을 쓰도록 한 거죠.

악플이 적힌 종이를 처음 글을 쓴 사람에게 돌려줬습니다. 참가자는 자신의 글에 모욕적인 댓글을 보고 '분노'를 느꼈습니다.

분노를 느낀 사람을 대상으로 본격적으로 실험이 진행됩니다. 한 그룹은 이 종이를 책상 위나 상자에 보관하도록 했습니다. 또 다른 그룹은 쓰레기통에 버리거나 파쇄기에 넣어 갈기갈기 찢어버리라고 했습니다.

이러한 과정을 거친 뒤 참가자들의 '화난 감정'이 어떻게 변하는지 조사합니다. 실험결과 종이를 쓰레기통에 버리거나 파쇄한 사람의 화는 많이 가라앉았지만, 책상 위에 보관한 사람들의 감정은 이와 비교했을 때 크게 나아지지 않은 것으로 나타났습니다.

연구자들은 이를 토대로 "분노를 줄이는 데는 '처분'의 의미가 중요한 역할을 한다"라고 결론짓습니다. 심지어 연구진들은 "종이를 버리면 어느 정도 분노가 사라질 것으로 예상했는데, 실제 실험결과는 분노가 거의 없어졌다"라며 놀라운 반응을 보입니다.

저자들은 이번 실험의 메시지가 간단하다고 이야기합니다.

"이 기술은 분노의 근원을 메모하듯 적고 버리는 방식으로 적용할 수 있다." 지금 당장 화가 나는 일이 있다면 종이에 적은 뒤 갈기갈기 찢어버리세요.


## 화가 나면 찔러라

심리학에서는 이러한 일이 충분히 가능하다고 알려져 있습니다. 바로 '마법 전염(magical contagion)'이라는 효과 때문입니다. 어떠한 감정, 본질이 물리적인 '물체'를 통해 전달될 수 있다는 믿음을 마법 전염이라고 하는데요. 예를 들어 자신이 좋아하는 연예인이 입고 있는 옷을 사서 똑같이 따라 입는 행위가 마법 전염에 해당합니다. 자신이 싫어하는 사람이 자신의 물건을 만졌을 때 부정적인 감정이 나타나는 이유를 설명할 때도 마법 전염이라는 용어를 쓸 수 있습니다. 누군가 내 물건을 만진다고 해서, 내게 나쁜 일이 일어날 이유는 없기 때문이에요.

마법 전염 효과를 이용해 화를 누그러트리는 방법은 또 있습니다. 바로 '부두 인형 효과'입니다. 많은 공포영화에서는 부두 인형이 등장합니다. 싫어하는 상대방의 '혼(?)'을 인형에 담은 뒤, 바늘로 콕콕 찌르면 상대방이 고통을 느끼거나 좋지 않은 일이 생기는 걸 볼 수 있는데요, 실제 이러한 일은 발생하지 않습니다. 해서도 안 되고요. 하지만 자신의 감정을 다스리는 데는 긍정적인 효과로 작용할 수 있다고 합니다.

지난 2017년, 캐나다 윌프리드로리어대학 경영학과 교수들이 이런 얘기를 나눕니다. "사람들이 자신을 괴롭힌 사람에게 피해를 주지 않으면서 보복할 방법이 없을까?" 교수들은 곧바로 부두 인형 실험을 진행합니다.

캐나다와 미국의 정규직 직원 229명을 모집한 뒤 상사로부터 부당한 대우를 받았던 때를 회상하도록 했어요. 그 뒤 온라인상에서 가상의 부두 인형을 바늘로 찌르거나 촛불로 태우는 행위를 하도록 했습니다. 대조군은 아무것도 하지 못하게 했고요.

그 결과 온라인상에서 부두 인형을 '공격'한 사람은 대조군과 비교했을 때 더 큰 '정의감'을 느꼈다고 합니다. 날 괴롭힌 사람에게 '복수'를 했다는 느낌이 생겨난거죠. 이 과정에서 분노와 함께 스트레스 역시 해소됩니다. 물론 연구진은 현실에서 이러한 일이 발생하면 절대 안 된다고 이야기합니다. 부두 인형을 찌르는 실험을 온라인상에서 한 이유이기도 해요.

이러한 실험이 가진 효과는 상당히 크다는 게 연구진의 생각입니다. 한국을 예로 들어볼게요. '화' '분노'는 결국 스트레스와 관련이 있습니다. 2022년 통계청 조사에 따르면 직장 생활에서 스트레스를 받고 있다는 사람은 62%로 나타났어요. 가정생활(34.9%), 학교생활(35.6%)과 비교하면 상당히 높은 수준입니다. 스트레스는 결국 생산성 저하로 이어지고, 질병에도 영향을 미칩니다.


## 뇌가 유혹한다
## 상대방에게 화내라고

상대방과의 대화에서 화가 날 때 한 번쯤 이런 생각을 해 보는 것도 나쁘지 않습니다. 바로 '내 화는 뇌에서 시작됐다'라는 생각입니다. 일반적으로 분노가 뇌를 지배하게 되면 '감정적'인 뇌가 '사고하는 뇌'를 압도하게 됩니다. 특히 '편도체'와 '뇌섬엽'이라는 부위가 활성화되는데, 두 부위 모두 '이성'보다는 '감정'에 치우친 영역이에요.

스트레스도 분노와 관련이 있습니다. 분노가 발생하면 편도체가 활성화되면서 아드레날린, 코르티솔과 같은 스트레스 호르몬의 방출이 증가합니다. 심박수와 혈압이 높아지면서 흥분 상태가 됩니다. 화를 내면서 언성이 높아질 때 말을 더듬는 경우가 발생하는 데 이 때문입니다.

스트레스는 뇌의 신경전달물질인 '노르에피네프린' 분비와 관련이 있는데요, 이 수치가 과도하게 증가하면 생각하는 뇌의 활동이 멈추고 감정적인 뇌가 활성화된다고 합니다. 스트레스가 많은 사람이 화가 많을 수밖에 없는 이유인데요, 화는 다시 스트레스를 유발합니다.

이런 상황이 되면 감정은 불안해지고, 이 감정을 억누르려는 방어기제가 작동하면서 지금 나의 행동이 어떤 결과를 끌어낼지 판단하는 능력이 뚝 떨어집니다. 수치심을 느끼거나 부당한 대우를 받는다고 느낄 때도 마찬가지입니다. 뇌섬엽이 활성화되면서 신체적으로 불편함을 느끼게 되고, 행동으로 대응하려 합니다.

가령 상대방과 언쟁하는 과정에서 점점 치밀어오르는 화를 누를 수 없을 때 우리는 '말실수'를 합니다. 누군가와 말싸움을 할 때 '냉혹한 말'을 내뱉은 뒤 30분~1시간이 지나면 후회했던 경험이 한 번쯤 있을 거예요.

감정이 한층 고조됐을 때 우리 뇌는 스트레스를 견디지 못하고 "어서 상대방에게 상처를 주는 말을 해서 네가 다친 마음을 보상받아!"라고 유혹합니다. 뇌의 반응에 이끌려 차가운 말을 뱉고 난 뒤 다시금 이성이 되살아나면 그제야 뇌는 다시 우리에게 속삭입니다. "왜 그랬어… 아까 그 말은 너무 심했잖아…."라고 말이에요.

## 뇌를 멈추는 연습
## 잠시 휴전하기

변덕스러운 뇌에 휩쓸리지 않고 화를 다스리는 방법에 관해 다양한 글을 찾아봤는데, 결국은 하나의 결론으로 도달합니다.

언쟁이 심화된다 싶으면 5분 만이라도 잠시 '휴전'을 하는 겁니다. 이 과정을 통해 이성에 관여하는 뇌가 활성화되고 감정에 노출된 뇌를 진정시키는 거죠. 화가 났을 때 심호흡을 하는 게 도움이 된다는 정신과 의사, 심리학자들의 조언이 많은데 같은 맥락입니다.

상당히 간단한 방법으로 보입니다. 하지만 "건강을 유지하는 방법은 꾸준히 운동을 하고 음식을 골고루 먹는 게 가장 과학적인 방법이다"라는 말처럼, 가장 쉬운 말이 지키기 어렵습니다. 화가 났을 때 "잠깐. 화나는 거 같으니까 5분만 있다가 얘기하자"라고 할 수 있을까요? 꾸준한 연습밖에는 답이 없습니다.

화가 치밀어 오르려 할 때, 혹은 감정적인 뇌가 이성적인 뇌를 압도하려고 할 때면 잠시 물러서는 게 중요합니다. '지금 내 뇌는 정상적인 상태가 아니다. 그러니 심호흡 한 번 하고 지금 상황을 다시 생각해 보자'라고 말이에요.

물론 이를 실천하는 것은 어렵습니다. 이럴 때는 마법 전염 효과를 이용하는 것도 좋은 방법이 될 수 있습니다. 회사 책상에 놓을 수 있는 화분이나 작은 캐릭터 등을 구입합니다. 그리고 그 '물체'에 '마음'을 부여합니다. 그리고 화가 날 때마다 책상에 있는 '마음'을 보면서 화를 다스려 보는 겁니다. '내 마음은 지금 차분하게 내 책상에 있다. 나는 지금 화가 나 있다. 내 마음을 보면서 나는 화를 다스린다'라고 되뇌이는 것입니다.

미국 건국의 아버지인 토머스 제퍼슨은 '화'와 관련해 여러 실험이 없는 상황에서도 다음과 같은 말을 남겼습니다.

"화가 날 때는 10가지 세어라. 그래도 화가 너무 많이 날 때는 100가지 세어라"

답은 하나입니다. 잠시, 내려놓으면 됩니다. 화가 나면, 잠시 한 발 물러서세요.

리더십

# 지속가능한
# 리더십
# 만드는 법

DAY
14

# 비전과 리딩, 회사가 성장하는 법

"당신의 행동으로
다른 사람이 더 많을 꿈을 꾸고
더 많은 것을 배우고
더 많은 것을 시도하고
더 나은 사람이 된다면
당신은 리더다."

– 존 퀸시 애덤스(John Quincy Adams) –

 회사, 기업을 뜻하는 영어 단어 '컴퍼니(Company)'는 함께(cum)
와 빵(panis)이라는 라틴어에서 유래했습니다. '함께 빵을 나눠먹는
사람'을 뜻해요. 즉 한솥밥을 나눠 먹는 사람들의 무리라는 의미를
담고 있습니다. 로마시대에 군대에서 '중대'를 뜻하는 용어로 컴퍼
니를 사용하기도 했습니다. 물론 지금도 육군 중대를 컴퍼니라고
표현합니다. 곧 기업이란 혼자가 아닌, 여럿이서 함께 근무하는 곳
을 뜻해요. 회사가 성장하려면 함께 노력해 '빵'을 많이 만들어야만

합니다.

그런데 기업에는 정말 많은 사람들이 있습니다. 누군가는 말로만 빵을 만들고, 또 누군가는 일은 하지도 않았으면서 "저 빵은 내가 만들었어"라고 하는 사람도 있어요. 어떤 사람은 아무 일도 하지 않고 먹으려고만 합니다. 물론 대다수는 묵묵히 일을 하겠지만요.

어떻게 하면 공정하게, 행복하게, 더 많은 빵을 만들어 먹을 수 있을까요. 이번 이야기에서는 성공한 기업의 리더들이 조직의 성장을 위해 도입한 여러 방안을 통해 함께 빵을 만드는 법에 대해 살펴보겠습니다.

## 리더의 두 가지 역량
## 비전과 리딩

회사에서 가장 중요한 인물은 '리더'입니다. 회장, 사장, 팀장 등 직책이 어찌 됐든, 조직원은 리더를 바라봅니다. 리더의 덕목은 크게 두 가지로 정리할 수 있습니다. 올바른 결정을 내릴 수 있는 비전, 그리고 조직원을 리딩할 수 있는 리더십입니다.

비전은 라틴어로 '보다(Videre)'에서 유래했습니다. 즉 조직을 잘 이끌려면 미래를 꿰뚫고, 그 방향으로 조직을 끌고 갈 수 있어야 합니다. 미래를 본다는 것은 '반드시 무엇이 올 것'이라는 자기 확신과도 같습니다. 예를 들어보겠습니다. 이순신 장군은 이런 일기를 남겼습니다.

> "꿈이 예사롭지 않으니 임진년 대첩(한산도 해전)할 때와 대략 같았다. 무슨 징조인지는 알 수 없었다."　　　　　《난중일기》 1597년 9월 13일
> "꿈에 어떤 신인(神人)이 가르쳐 주기를 '이렇게 하면 크게 이기고, 이렇게 하면 지게 된다'고 하였다."　　　　　《난중일기》 1597년 9월 15일

그리고 다음 날인 1597년 9월 16일. 판옥선 13척을 이끌고 일본 함대 133척과 벌인 싸움에서 압도적인 승리를 거둔 명량대첩을 이끕니다. 명량에서의 전투는 리더가 그린 비전의 대표적인 사례입니다. 아마도 이순신 장군은 전투를 앞두고 잠을 설치면서까지 승리할 수 있는 방법을 생각했을 것입니다. 머리끝부터 발끝까지 오감으로 상황을 판단하고, 머릿속으로는 수많은 경우의 수를 생각하지 않았을까요. 사실 비전은 상상할 수 있는 모든 수를 동원해 판단하고, 내린 자기 확신적 결론이기 때문입니다.

비전만 있다고 좋은 리더가 되는 것은 아닙니다. 자신이 설정한 비전을 향해 팀원이 움직일 수 있도록 이끌어야 합니다. 이를 '리딩'이라 합니다. 미국의 동기부여 작가인 데릭 시버스가 테드(TED)를 통해 한 강연은 인상 깊습니다. 그가 올린 유튜브 영상에는, 한

남자가 우스꽝스러운 춤을 추는 모습이 담겨 있습니다. 이어 그 춤을 따라 추는, 또 다른 남자가 나타납니다.

시간이 조금 지나자 금세 현장을 뒤덮는 '밈'이 됩니다. 하나둘씩 일어서더니, 수십 명의 사람들이 다 함께 그 춤을 따라 춥니다. 데릭 시버스는 이렇게 말합니다.

"리더는 혼자 서서 우스꽝스러워 보일 수 있는 용기가 필요해요. 하지만 그가 하는 일은 너무 간단해서 거의 교훈에 가까워요. 이게 핵심이에요! 따라 하기 쉬워야 해요!"

"그리고 그 리더를 따라 하는 첫 번째 팔로워가 등장해야 합니다. 중요한 것은 첫 번째 팔로워가 무브먼트를 일으키는 것입니다. 그는 모든 이에게 어떻게 리더를 따라할지 보여주는 존재입니다."

비전이 올바른 방향이라면, 리딩은 그 방향으로 이끄는 '무브먼트'인데요. 시버스는 리더를 '보스(Boss)'가 아닌 '메신저(Messenger)'라고 강조합니다. 팔로워는 리더가 자신과 동등하다고 생각할 때 따르기 시작합니다. 진정한 리더는 자신이 확고히 생각한 메시지를 전달할 줄 알아야 하고, 이를 통해 더 많은 팔로워를 끌어들입니다.

일본 경영의 신이라고 불리는 파나소닉의 마쓰시타 고노스케는 직원들을 향해 '수도 철학(水道哲學)'이라는 비전을 보여줬는데요. 아침마다 직원들과 함께 "수도꼭지에서 물이 흘러나오듯, 생활에 도움이 되는 상품을 싸게 누구나 살 수 있도록 충분히 공급해야 한다"고 외치면서 기업을 키웠다고 합니다.

# OKR,
## 모두를 춤추게 하라

2000년대 검색 시장에서 신생 기업 구글이 마이크로소프트(MS)를 따라잡았던 배경에는, 기업의 구성원을 '팔로워'로 만들었던 힘이 큽니다. 구글이 시가총액 1조 달러(1,338조 원) 클럽에 가입한 시기는 창업 22년만인 2020년입니다. 이는 마이크로소프트 44년, 애플 42년과 비교하면 상당히 짧은 기간이었습니다.

구글 창업자인 래리 페이지와 세르게이 브린은 창업 이듬해인 1999년 전설의 투자자인 존 도어로부터 큰 투자를 유치합니다. 패기에 감동한 존 도어는 모든 것을 다해 두 청년을 지원해 주기로 결심을 합니다. 그러면서 전수한 것이 'OKR'입니다. OKR는 'Objective and Key Result!'의 앞글자를 딴 말인데요, 목표와 핵심결과 정도 되겠네요.

사실 OKR은 인텔의 CEO인 앤디 그로브가 고안한 경영 기법으로 잘 알려져 있습니다. 존 도어가 이를 보고난 뒤 널리 전파하면서 실리콘밸리에 퍼졌습니다. 1985년까지만 하더라도 인텔은 메모리 회사였는데요. 일본 기업들이 치킨게임에 돌입하면서 매우 어려운 처지에 놓였습니다. 30달러였던 메모리 가격이 10분의 1토막으로 떨어집니다.

앤디 그로브는 이를 타결하고자 역발상으로 CPU 시장 진출을 결심합니다. 'Objective', 즉 '목적'을 CPU 사업 성공으로 잡은 것입니다. 이후 조직원들의 창의성을 끌어올리기 위한 온갖 방법을 동원합니다. 임원들의 개인 사무실 전용 주차 공간 등을 폐지합니다. 특권이 창의성을 발목 잡는다는 생각 때문이었습니다. 훗날 존 도어가 이를 책으로도 냅니다. 한번 대화로 구성해 볼게요.

**앤디 그로브**: 저는 인텔에서 조직의 목표 설정과 성과 관리를 더 효율적으로 만들기 위해 OKR, 즉 '목표 및 핵심 결과' 시스템을 개발했어요.

**존 도어**: 그렇군요, 제가 알기로 OKR은 큰 목표와 그 목표를 달성하기 위한 구체적인 핵심 결과로 구성되어 있다고 들었습니다. 조금 더 구체적으로 설명해 주실 수 있나요?

**앤디 그로브**: 물론이죠. Objective, 즉 목표는 조직이나 팀이 추구해야 할 큰 방향성을 제시합니다. 주로 정성적이고 영감을 주는 캠페인성 구호입니다. 반면 Key Results, 핵심 결과는 그 목표가 실제로 달성되었는지를 측정하는 구체적이고 측정 가능한 지표입니다.

**존 도어**: 아하, 그렇다면 OKR은 단순한 목표 설정을 넘어서 그 목표를 어떻게 달성할 것인지에 대한 구체적인 계획을 포함하고 있다는 거군요.

**앤디 그로브**: 맞습니다. OKR은 목표 달성을 위한 실질적인 방향을 제시하고, 조직 전체가 같은 목표를 향해 나아갈 수 있도록 돕죠. 또한, 이를 통해 조직의 전략 실행이 훨씬 더 효과적으로 이뤄질 수 있습니다.

리더는 비전을 갖고 목표를 결정하고, 구성원들이 이를 달성하기 위해 핵심 결과를 자발적으로 만들어 낼 수 있도록 하는 것이 핵심입니다. 때문에 KR은 딱딱한 목표가 아닌 역동적인 목표가 됩니다. 또 KR은 척도가 아닌 달성 여부에 따라 1과 0으로 표기하다 보니 평가가 쉽습니다.

다만 달성이 너무 쉬워서도 안 되고 너무 어려워서도 안 됩니다. 구글에서 최고 인사 책임자(CPO)를 지낸 라즐로 복은 이런 말을 한 적이 있습니다. "구글은 시장 기반의 접근 방식을 활용합니다." 구글은 OKR을 매우 투명하게 모든 직원에게 공유하고, 스스로 재정렬하도록 한다는 메시지입니다.

## OKR과 KPI, R&R과의 차이점

OKR은 우리가 일상적으로 많이 사용하는 'Key performance indicator'와는 많이 다릅니다. KPI는 성장률 경쟁력 매출 설비 등 각종 지표를 관리하는 데 방점을 두는데요. 따라서 OKR과는 달리 조직원에 대한 동기부여를 중시하지는 않습니다.

다만 OKR도 고민해야 할 부분이 있습니다. KR이 수시로 바뀔 수 있어 보상을 앞두고 논란이 있을 수 있어요. 하지만 보상을 직접적으로 연결해서는 안 됩니다. OKR에서 성과를 달성했다고 보상을 하면, 조직원들은 낮은 목표를 제시하기 때문입니다. 황성현 퀀텀 인사이트 대표는 "업적은 인센티브로, 스킬 수준과 태도는 고정급여로 설정하는 것이 일반적"이라고 말합니다.

OKR은 조직의 성장을 조직원이 스스로 일굴 수 있도록 유도하기 위한 기법입니다. 따라서 조직의 수장은 끊임없이 조직원을 만나 참여를 독려해야 합니다. 그래서 도입되는 것이 'CFR'입니다. Conversation(대화), Feedback(피드백), Recogniton(인정)! 조직원을 만나 왜 달성했는지 왜 못했는지 피드백을 주고 독려하는 것이 중요합니다.

기업이 커지면 커질수록 분란의 싹이 함께 커집니다. 스타트업일 때는 동료들이 이일 저일 미루지 않고 함께 하지만, 조직이 커지면 위계질서가 만들어지고, 역할 분장이 명료해집니다. 드디어 직원들에겐 R&R(Role & Responsibility)이 부여됩니다. "이것은 네 일, 저것은 내 일." 하지만 기업은 늘 신사업을 찾다 보니 갈등이 벌어집니다. 리더가 R&R을 매번 바꿔 줘야 하지만, 현실은 그렇지 못하니까요. 예를 들어,

**옆 팀장:** 좀 도와줄 수 있나요? 우리 팀에서 새 업무를 아는 사람이 없는데.

**나:** 할 수 있을 것 같은데요. 일단 저희 팀장께 물어보고 답변 드릴게요.

**우리 팀장:** 책임님이 옆 팀 일을 거들면 우리 팀 업무는 언제 하시려고요.

**나:** (어떻게 해야 하지…)

이러한 R&R을 도입한 것은 1920년대 제너럴 일렉트릭(GE)으로 알려졌어요. 당시 CEO인 앨프레드 P. 슬로언이 조직 개편을 주도하면서 각 부서와 직위에 따른 R&R을 정립했습니다. 업무 범위를 명확히 하고, 책임 한계를 설정하는데 당시에는 파격이었습니다. 부서장이 내리는 업무 외적 불필요한 명령을 차단하고, 회사 존립 목적 자체에 집중하도록 했기 때문인데요.

하지만 오늘날처럼 산업이 역동적으로 바뀌는 때에는 적합하지 않다는 지적이 있습니다. 그러다 보니 일 잘하는 사람, 말 못 하는 사람들이 여러 일을 떠안기 일쑤입니다. 회사에서 업무를 정의하면 크게 두 가지입니다. E&E!

우선 앞에 있는 'E'는 활용(Exploitation)을 뜻합니다. 활용은 품질과 프로세스 개선 등을 빠르고 효율적으로 하는 것을 가리킵니다. 반면 뒤에 있는 'E'는 탐험(Exploration)을 의미해요. 탐험은 새로운 가능성에 대한 탐구입니다. Exploitation이 현재 업무를 개선하고 나아가는 것이라면, Exploration은 신사업을 찾아 떠나는 여정입니다. 오늘날은 이를 어떻게 조화롭게 구성할지가 관건인데요. 몇몇 기업들은 이를 비율로 만들어 둡니다.

예를 들어볼게요. 구글은 직원들에게 여유 시간이 주어져야 Exploration이 가능하다고 판단합니다. 그래서 '20% 타임제'를 두고 있습니다. 80%는 본업을 하고, 20%, 즉 일주일에 하루 정도는 현재 수행하고 있는 업무와 전혀 관련이 없는 활동을 하도록 장려합니다. 그 결과 구글 뉴스, 애드센스 포 콘텐츠, 구글 서제스트 등이 태어났습니다.

스카치테이프로 유명한 3M 역시 '15%룰'을 운영합니다. 일부 부서에 국한된 이야기이긴 한데요. 연구 조직은 자신의 업무 시간 중 15%를 업무와 무관한 프로젝트에 사용할 수 있습니다. 또 프로젝트가 실패하더라도, 책임이나 이유를 따지지 않습니다. 그 결과, 우리가 흔히 쓰는 포스트-잇이 태어났습니다.


## 우리는 모두
## 한 사람의 리더다


기업이 성장하기 위해서는 리더의 역할이 무엇보다 중요합니다. 리더가 조직을 잘 이끌기 위해서는 앞서 말씀드렸듯이 비전과 리딩을 잘해야 합니다. 리더가 잘못된 결정을 내림으로써 시장에서 경쟁력이 떨어지는 사례는 무수히 많습니다.

미래를 잘 예측한다고 훌륭한 리더는 아닙니다. 대중 앞에서 춤을 추면서 '팔로워'를 만들 수 있는 능력 역시 필요합니다.

리더가 비단 기업의 CEO, 창업자만을 뜻하는 것은 아닙니다.

작은 팀을 이끌고 있는 팀장도 리더입니다. 또한 '나'라는 삶을 이끌어 가고 있는 만큼 우리는 모두 한 사람의 '리더'입니다.

미국의 6대 대통령, 존 애덤스가 리더십과 관련해 남긴 말이 떠오릅니다. 비전과 리딩, 우리 삶 역시 바뀔 수 있다고 믿습니다.

"당신의 행동으로 다른 사람이 더 많을 꿈을 꾸고 더 많은 것을 배우고 더 많은 것을 시도하고 더 나은 사람이 된다면 당신은 리더다."

# 리더의 운명을 가르는 유머의 힘

"유머 감각은 리더십 기술에 속하고,
다른 사람과 잘 지낼 수 있게 해주는
비법 중 하나이자 어떠한 일을 성취하는 과정의 일부다."

– 드와이트 아이젠하워(Dwight Eisenhower) –

여러분은 '재미'가 있는 사람인가요? 우리 주변에는 항상 인기 있는 사람이 있습니다. 사람이 좋아서 인기 있는 사람도 있지만, 그들 옆에만 가면 유쾌함이 사라지지 않는, 재미있는 사람들도 있습니다. 유머러스하면, 인기가 있습니다. 이러한 유머는 '리더'에게도 큰 도움이 된다는 조사가 많아요. 미국 비즈니스 트렌드 뉴스레터 '스마트 브리프(smartbrief.com)'가 21만 명의 비즈니스 리더를 대상으로 한 설문 조사 결과입니다.

· 위대한 리더는 웃을 줄 알아야 한다. (48.4%)

· 유머는 리더십의 핵심이다. (42.4%)

· 업무에서 유머를 써도 괜찮지만, 노잼도 괜찮다. (8.4%)

· 글쎄, 난 일하러 왔어. (0.5%)

· 유머가 꼭 필요해? (0.3%)


대다수 사람들은 유머 감각을 핵심 리더십 기술로 보고 있었습니다. 유머는 스트레스를 완화시키고 즐겁게 일할 수 있는 환경을 만들며, 팀워크를 구축하는 좋은 방법으로 꼽힙니다.

하지만 유머는 쉽지 않습니다. 자칫 잘못하면 오히려 하지 않느니만 못한 결과를 낼 수도 있고요. 다만 몇 가지 팁을 알고 계신다면, 그리고 절제해 사용할 줄 안다면, 당신도 충분히 유머러스한 사람이 될 수 있습니다.


## 매일 아침 회사 갈 생각에
## 가슴이 설레요


만약에 여러분의 사무실에 최고경영자(CEO)가 공주 옷을 입고 등장한다면 어떨까요? 또 정기적으로 부서끼리 너프(Nerf) 총싸움을 하고, 복근이 없는 남성 댄서들이 이따금 공연을 펼친다면 어떨까요. 아마존에 인수 합병되었지만, 한때 온라인 쇼핑몰의 다크호스였던 자포스(Zappos)의 유머 문화가 바로 이와 같습니다. 직장에 갔을 때 웃음이 나오면 일이 재미있어지고, 일이 재미있다면 더 빨리 업무를 처리할 수 있을 것이라는 경영 철학이 넘쳐흘렀던 곳, 바로 실리콘밸리에 본사를 두었던 자포스입니다.

자포스는 고인이 된 토니 셰이가 CEO로 재직할 당시 엄청난 속도로 성장을 한 스타트업이에요. 1999년 시작한 온라인 쇼핑몰로 2008년 글로벌 금융위기 속에서도 무려 1,300% 성장하는 기염을 토했죠.

그리고 이듬해 매출 12억 달러를 찍고 아마존과 합병했어요. 토니 셰이의 경영 철학은 그의 책 《딜리버링 해피니스》에서 잘 나와 있는데, 그는 이런 말을 남겼습니다. "경쟁 상대가 아무리 우리 비즈니스모델이나 사업 구조를 카피해 가더라도 우리 문화는 결코 베끼지 못할 겁니다." 토니는 언제나 고객과 직원을 행복하게 만들고자 노력을 했어요. 그래서 직원들은 이런 기분이 들었다고 합니다.

"저는 매일 아침 눈을 뜨면 회사 갈 생각에 가슴이 설레요. 월요일이 너무 멀게 느껴져 참을 수 없어요."

# 유머 공식을
# 연습해 보자

　제시카 매그너스 노스캐롤라이나대학 경영학 교수의 조사에도 상사가 유머를 쓸 줄 안다면, 상사가 부하직원이 하는 일을 이해하고 있다고 믿고 있을 가능성이 컸다고 해요. 또한 석설한 유머는 나쁜 일이 벌어졌을 때 관리자, 리더가 현재 상황을 잘 관리하고 통제하고 있다는 믿음을 준다고 합니다.

　제니퍼 에이커 스탠포드대학 교수는 유머라는 것은 근육처럼 쓰면 쓸수록 튼튼해진다고 설명합니다. 워밍업은 필수예요. 항상 듣는 사람을 배려하고, 타이밍을 살펴야 합니다. 민감한 소재를 써서는 안 됩니다. 아래 공식을 갖고 연습해 보세요.

### 언어유희(Word play)

　말장난인데요. 초딩개그, 아재개그로도 불립니다. 사실 초딩과 아재는 많이 통하는데요, "아재가 웃으면 초딩도 웃는다!" 실제로 마케팅에서도 많이 쓰입니다.

'매워도 다시 한번 — 해찬들'
'장마? 설마? 하마! — 물 먹는 하마'
'Soft Where? — 한글과 컴퓨터'

언어유희를 이용한 유머는 상당히 많습니다.

'콩나물이 무를 때리면? 콩나물 무침'

'들어갈 때는 1,000명인데, 나올 때 100명이 되는 것은? 인천 아웃백'

'북쪽이 활활 타면? 타노스'

'한국에서 바람이 제일 많이 부는 곳은? 분당'

### 실수(me-stake)

실수하거나 자신을 낮추는 유머를 보면 항상 웃음이 나옵니다. 호모사피엔스는 완벽함을 추구하기 때문에, 남의 실수에 대해 그 실수가 치명적이지 않는다면 마음의 무장을 해제하거든요. "모히또 가서 몰디브 한 잔 해야지"라는 영화 대사를 꼽을 수 있습니다.

특히 실수는 자신을 낮춘다는 뜻도 가지고 있습니다. 유머러스하지 않은 사람이 쓸 수 있는 가장 좋은 방법이기도 한데요. 바로 자신을 낮추는 것입니다. "내가 이렇게 아는 게 없어요." "다들 알아요? 나만 몰랐네. 나 어떻게 세상을 살아가지?" 이러한 말은 웃긴 말은 아닙니다. 하지만 적절한 상황에서 사용하면 충분히 유머러스하게 각인될 수 있습니다.

### 반전(Punch line)

인간의 가장 큰 능력 중 하나는 추론 능력인데요. 자신이 생각한 추론이 무너지면 사람들은 크게 웃습니다. 코미디언들이 많이 쓰는 스킬 중 하나라고 보면 됩니다.

소개팅 자리입니다.

**여자 :** 저 몇 살로 보여요?

**남자 :** 세 살이요.

**여자 :** (웃음) 너무 재밌으시다.

**남자 :** 세 살이 말을 하네, 교육을 잘 받았나보네.

(개그맨 양세찬 씨가 꽁트에서 썼던 반전 유머입니다)

## 위트(Wit)

위트는 순발력 있게 새로운 발상으로 상대방의 허를 찔러 웃음을 주게 하는 기법이에요. 위트가 있는 사람이 큰 인물이 될 가능성이 크다고 합니다. 다만 어느 정도 타고나야 하는 것 같아요.

구두를 닦는 링컨

**친구:** 아니! 대통령이 본인 구두를 닦는가?

**링컨:** 아니! 그럼 대통령이 남의 구두도 닦아 줘야 한단 말인가?

# 유머가
# 운명을 갈랐다

IAC의 저스틴 사코 PR 담당 이사는 200명의 소규모 팔로워를 보유했는데요. 2013년 출장 전에 이런 글을 트위터에 남깁니다.

"내일 아프리카로 간다. 에이즈에 걸리지 않기를 바람. 농담이야. 난 백인이야!"

나름 '유머러스'한 반응을 기대했을 텐데 이를 읽은 사람들로 하여금 분노를 유발하고 말았습니다.

반면 딕 코스톨로 전 트위터 COO는 "내일 트위터 COO로서 첫 과제? CEO를 약화시키고, 권력을 강화할 것!"이라는 농담을 던졌지요. 그리고 1년 뒤 CEO가 됐습니다. 유머의 소재가 사회적 약자인지, 아닌지가 이 두 유머의 큰 차이라고 볼 수 있어요.

노력하는 것은 중요합니다. 유머를 하는 사람이 안 하는 사람보다 편익이 크다는 연구결과도 있어요. 사회적으로 적절하기만 하다면, 시도만으로도 절반은 떼 놓은 당상입니다. 모두들 이렇게 생각할 것입니다. "와 저 사람 재미는 없지만, 자신감은 넘치네."

만약에 웃음까지 유발한다면 당신을 다르게 보기 시작할 거예요. "와 저 사람 자신감도 있고 능력까지 있는 사람이네!"

하지만 만약 부적절한 농담을 계속한다면 이렇게 생각할 겁니다. "와 저놈 자신감 있어 보이는데, 인간은 되다 말았네." 그래서 효과적으로, 적절하게 구사하는 것이 중요합니다. 연구에 따르면 이런 사람들이 한 그룹의 리더가 될 가능성이 높습니다.

## 아재 개그라서가 아니다
## 문제는 배려

유머가 조직의 생산성에 미치는 영향에 관한 논문은 수없이 많습니다. 연구에 따르면 유머는 스트레스를 감소시키고 불안과 긴장을 완화시켜 줍니다. 리더가 유머를 적절히 사용할 수 있는 사람이라면, 조직 구성원의 불협화음을 줄일 수 있다고 합니다. 미국 텍사스대학 경영학과 케빈 커서드 교수의 〈직장에서의 유머〉라는 경영학 논문에 따르면 사려 깊게 준비한 리더라면, 누구라도 유머를 조직에 적절히 성공적으로 사용할 수 있다고 이야기합니다.

리더가 유머를 사용하게 되면 작업장의 조직력이 올라가고, 짤막한 웃음은 스트레스 감소로 이어지며 부하직원들의 동기부여에도 영향을 미친다는 연구가 보고되고 있습니다.

10번 시도해서 8번을 웃기는 데 성공한 사람이라면 일반 회사가 아닌 TV에 등장하는 개그맨이 되었을 것입니다. 이 정도 유머 능력이 있다면 지금 당장 유튜브 계정을 만들어야 할 겁니다. 이 글을 쓰고 있는 저를 비롯해 수많은 일반인은 10번 시도해 2~3번 성공해도 '대박'입니다. 야구에서는 3할 타자면 이듬해 연봉 협상에서 높은 제안을 받을 수 있습니다.

하지만 타인을 배려하지 않는 방식의 유머는 조심해야 합니다. 적절하게, 그리고 사려 깊게 유머를 시도한다면, 비록 그것이 아재 개그일 뿐이라도 여러분의 호감도는 높아질 것입니다. 유머와 관련해 많은 명언을 남긴 미국 아이젠하워 대통령의 말로 마무리하겠습니다.

"유머 감각은 리더십 기술에 속하고, 다른 사람과 잘 지낼 수 있게 해주는 비법 중 하나이자 어떠한 일을 성취하는 과정의 일부다."

# 손흥민을 움직인 벤투의 진정성

"효과적인 리더십은
연설을 하거나 호감을 받는 것이 아닙니다.
리더십은 속성이 아닌 결과에 의해 정의됩니다."

– 피터 드러커(Peter Drucker) –

2022년 카타르 월드컵 기억하나요. 한국은 포르투갈과의 마지막 경기에서 승리를 거두면서 16강에 진출하는 쾌거를 이뤄냈습니다. 종료 직전, 손흥민 선수의 장거리 드리블과 황희찬 선수의 질주, 오프사이드를 피한 절묘한 패스, 강력한 슈팅. 한국 시각으로 새벽 2시가 넘어 펼쳐진 드라마에 손으로 입을 꾹 막은 채 열광했던 기억이 생생합니다.

특히 당시 한국 대표팀을 이끌었던 파울루 벤투 감독의 '리더십'이 화제가 됐습니다. 그가 추구하는 '빌드업 축구'는 한국에는 맞지 않는 스타일로 여겨졌지만, 그는 뚝심 있게 자신의 스타일을 추구했고 이는 좋은 결과로 이어졌습니다. 심지어 '한국도 유럽 스타일의 축구가 가능하구나' 하는 자신감도 심어줬고요. 이 과정에서 '될까?'라는 의구심을 가진 선수들도 많았을 것입니다. 벤투 감독은 이를 어떻게 돌파했을까요.


## 벤투가 신뢰를 얻은
## 3가지 비결

포르투갈을 꺾고 16강이 확정된 후 인터뷰에서 손흥민 선수가 마지막으로 했던 말이 있습니다. "벤투 감독님의 마지막 경기를 '벤치'에서 같이 할 수 있어서 너무 감사드립니다."

벤투 감독은 직전 경기에서 심판에 항의를 하다가 레드카드를 받았기 때문에 벤치에 앉아 있을 수 없었고, 경기 내내 관중석에서 머물렀습니다. 16강 전이 되어야 다시 벤치로 돌아올 수 있었습니다. 이 발언에서 벤투 감독에 대한 손흥민 선수의 신뢰를 느낄 수 있었습니다.

비단 손흥민 선수뿐만이 아닙니다. 수비형 미드필더 정우영 선수는 벤투 감독의 리더십에 대해 이렇게 말을 했습니다.

"(월드컵을 준비하는) 4년간 (나는) 완벽하지 않았다. 그럴 때마다 감독님이 중심을 잡아주고 흔들리지 않게 해줬다. 그래서 여기까지 올 수 있었다."

벤투 감독과 선수 사이에 두터운 신뢰가 자리 잡을 수 있었던 이유는 무엇일까요.

하버드경영대학원의 프랜시스 프라이 교수, 앤 모리스 교수의 《임파워먼트 리더십》이라는 책이 있습니다. 그에 따르면 신뢰를 얻기 위해 반드시 필요한 것은 세 가지라고 해요. 바로 '공감(Empathy)', '논리(Logic)', '진정성(Authenticity)'이라고 합니다. 사람들은 자신을 신경써 주고, 걱정해주는 리더를 신뢰합니다(공감). 사람들은 리더의 판단이 옳고, 그가 유능하다는 생각이 들었을 때 그를 신뢰합니다(논리). 사람들은 리더가 자신의 진짜 모습을 보여주고, 소통을 하는 모습을 보았을 때 신뢰합니다(진정성). 벤투 감독에게는 이 세 가지가 있었습니다.

"내가 본 벤투 감독은 선수 보호에 가장 중점을 두는 사람이다. 본인 목이 날아가도 선수가 못 뛰겠다고 하면 기용하지 않는다. 신념이다. 만일 황희찬을 무리해서 기용했다가 한 번 더 햄스트링 근육이 올라왔으면 이번 대회는 끝나는 거였다. 그렇게 참고 참으니까, 3차전에 황희찬이 몸 상태가 좋아져서 날아다녔다. 확실하게 몸이 되길 기다린 거다. 만일 황희찬의 그 골이 없었다면 우리는 16

강에 못 갔을 거고, 벤투 감독이 준비해 왔던 것들은 아무 의미가 없어졌을 거다. 선수 보호에 대한 벤투 감독의 신념이 결국 마지막에 자신을 살린 거다."

"선수들이 이 사람을 신뢰하지 않을 수가 없다. 만일 선수의 가족에 대한 이슈가 있으면 그것도 철저하게 선수 중심이다. 김민재도 그랬다. 대표팀 소집 기간 중 아이가 아팠다. 벤투 감독은 '나는 네가 필요하지만, 너에겐 네 가족이 더 중요하다'며 보내줬다. 아이가 많이 호전돼 복귀했다. 선수가 감독에게 보은하고 싶지 않겠나? 그런 신념이 강한 사람이다. 단지 잘 가르치는 것만으로 선수의 신뢰는 쌓이지 않는다."

김판곤 전 국가대표감독선임위원장이 인터뷰에서 남긴 말입니다. 팔로워의 입장에서 리더에 대한 신뢰를 갖게 되는 것은 리더가 '나를 지켜준다'는 데서 나온다고 생각합니다. 여기서 지켜준다는 것은 단기적으로 리더 스스로를 위해서가 아니라, 장기적으로 나를 위한 결정을 리더가 내려준다는 믿음이라는 생각이 듭니다.

선수 입장에서 한 골을 넣는 것보다 중요한 것은 선수생명을 오래 유지하는 겁니다. 연습에 참여하는 것보다 더 중요한 것은 가족이고요.

많은 리더들이 특정 직원에게 일이 과도하게 몰리는 것이나, 혹은 쉬지 못하는 것에 대해 크게 관심을 두지 않습니다. 벤투 감독은 반대였습니다. 선수들이 휴식을 보장받지 못한다면서 강하게 화를 낸 적이 있습니다. "일부 선수는 부상 위험을 안고 뛰었다. 우승 가능성이 없지만 90분을 뛰었다. 선수들의 휴식 시간은 없었다. (한국 축구에서) 중요한 것은 돈과 스폰서가 아닌가."

번아웃이 되지 않도록 팀원을 지켜주는 것이야말로 신뢰를 얻는 첫걸음이 아닐까 하는 생각이 듭니다.


## 리더는 논리로
## 신뢰를 만든다


벤투 감독은 스포츠 과학에 아주 관심이 많았던 감독이라고 합니다. 그는 2018년 부임 후 대표팀 훈련 전 과정을 녹화해 대한민국 내 축구 지도자들에게 보여주기 위해 촬영용 드론을 띄워줄 수 있느냐는 요청을 했다고 합니다. 주먹구구 식으로 운영하고, 투지를 강조하는 것이 아니라 첨단 스포츠 과학 이론을 도입하고, 세계 축구에서 통하는 이론과 전술을 한국 팀에 도입하고자 노력했습니다. 빌드업 축구가 대표적입니다.

빌드업 축구란 정교한 패스와 선수들의 '스마트'한 움직임을 기반으로 상대의 압박을 벗어나고, 공격을 전개해 가는 전술을 뜻합니다. 골키퍼가 공을 잡았을 때, 예전에는 '뻥' 하며 공을 일단 상대 진영으로 던져 놨다면, 최종 수비수에게 짧은 패스를 하고, 수비수는 이를 다시 미드필더에게 전달하면서 공간을 찾아 나가는 방식입니다.

하지만 한국은 이보다는 체력, 스피드 등을 이용한 축구를 해왔습니다. 빌드업 축구는 개인기가 좋은 축구 선진국에게만 어울리는 옷이라고 생각했습니다. 실제로 한국은 2021년, 2022년 월드컵을 준비하면서 일본과 브라질 등에게 크게 패했는데, 그때마다 많은 전문가들이 "빌드업 축구는 한국에게 맞지 않는다"라는 비판을 해왔습니다.

하지만 벤투 감독은 확신이 있었고, 이는 선수들에게 지지를 받았습니다. 벤투 감독의 훈련 방식은 물론 그가 만들고자 하는 팀의 방향에 선수들은 공감했습니다. 이런 선수들의 지지는 외풍이 불어도 팀이 흔들리지 않는 기반이 되었어요. 다행히 '벤투호'는 월드컵 예선 통과를 조기에 확정하면서 이론이 실전에서도 통한다는 것을 입증했습니다.

우리가 리더를 신뢰하는데 있어서 중요한 것 중 하나가 그의 논리와 능력입니다. 아무리 공감능력이 뛰어나고 진정성이 있다고 해도, 그가 내세우는 논리가 엉망이라면 신뢰하기가 어려울 수밖에 없습니다. 특히 요즘 젊은 사람들에게는 '나만 믿고 따라와!' '모로 가도 서울만 가면 된다' 는 말은 통하지 않습니다.

## 리더의 진정성은
## 팀원을 움직인다

진성성이라는 건 참 어려운 단어입니다. 내 마음은 그렇지 않은데 다른 사람들이 내 진정성을 몰라주는 경우가 참 많거든요. 많은 리더들의 고민입니다. 벤투 감독의 통역을 맡았던 김충환 통역사는 이런 말을 남겼습니다.

"믿음과 존중. 4년 동안 함께한 감독님과 코칭 스태프를 설명하는 단어들. 또, 라커룸 대화와 팀 미팅 때 가장 많이 말씀하신 단어가 아닌가 싶습니다. 여러 선수들이 월드컵 마지막 경기 종료 후 감독님과 작별인사를 하며 눈시울 붉히고, 귀국 후에도 장문의 감사 메세지들을 감독님께 번역해 전달해달라는 선수들을 보며 얼마나 좋은 사람들과 함께 했는지를 다시 한 번 느낄 수 있었습니다."

리더가 꼭 자신의 진정성을 팔로워들에게 어필할 필요는 없을 겁니다. 사실 대부분의 회사에서 인간관계는 어느 정도 거리를 두고 돌아가기 마련이거든요. 하지만 진정성을 숨기는 것은 얻을 수 있는 '신뢰'의 상한선을 두는 것과 같습니다. 팀원들에게 무한신뢰를 얻어내고 그들에게서 최고의 성과를 얻어내길 바란다면 리더의 진정성이 전달되어야 한다는 것이에요.

## 나 스스로를 믿기 위해
## 필요한 건 철학

이번 국가대표팀에서 벤투 감독이 만든 기록 중 가장 중요한 것 중 하나는 최장기간 동안 우리나라 국가대표 감독을 했다는 것이에요. 바로 4년 4개월, 지난 2018년 월드컵이 끝난 후 다음 월드컵까지 중도 하차 없이 팀을 맡아 왔습니다.

그 사이에 한일전에서 패배하기도 하고 이강인 선수를 기용하는 문제를 두고 팬들의 엄청난 비판을 받기도 했죠. 벤투 감독은 우리나라 국가대표팀을 맡기 전 3팀에서 모두 1년을 채우지 못하고 불명예 퇴진할 정도로 고충을 겪고 있었어요.

벤투 본인은 어떻게 스스로의 멘탈을 유지할 수 있었을까요? '독이 든 성배'라는 대한민국 국가 대표팀의 자리를 맡았는데도 불구하고 어떻게 흔들리지 않았을까요?

팀원들은 스스로를 신뢰하지 못하는 리더를 신뢰하지 못합니다. 다른 사람의 신뢰를 얻기 위해 필요한 세 가지 이전에 필요한 것은 바로 스스로에 대한 강한 신뢰입니다. 스스로에 대한 믿음은 대체 어디서 나오는 걸까요? 벤투 감독의 경우 확고한 철학이 있었던 것 같습니다. 마치 히딩크 감독이 "한국 축구는 기술이 없는 게 아니라 체력이 없는 것이다"라는 판단을 내리고 체력 훈련을 했던 것처럼 말이에요. 당시만 해도 한국 축구는 "체력은 충분하지만, 기술력이 부족하다"는 게 일반적인 믿음이었거든요.

고민의 순간에 리더는 잘못된 선택을 내리기도 합니다. 하지만 확고한 철학이 있다면, 그 철학에 바탕을 둔 믿음은 쉽게 흔들리지 않을 것 같아요. 벤투 감독은 빌드업 축구가 한국에 적합하다는 믿음을 끝까지 고수했습니다.

"우리의 스타일을 믿고 있기 때문에 하고 있다. 그렇지 않으면 내가 이 자리에 있을 이유가 없다."

팀워크

# 잠재력을 터트리는 팀워크 만드는 법

# 상사를 경영하는 직원이 되라

"인류의 오랜 역사에서
가장 효과적으로 협력하고 즉각적으로 행동하는 법을
배운 이들이 승리했다."

– 찰스 다윈(Charles Darwin) –

직장 생활이란 건 직원으로 일한다는 것을 뜻합니다. 한 조직의 대표가 아닌 이상 모든 직원들은 직장 생활이란 것을 합니다. 생각해 보니 대표이사에게도 주주, 이사회라는 '상사'가 있다고 볼 수 있을 것 같아요.

상사를 모시는 일은 어느 직장인이든 피해갈 수 없습니다. 그러다 보니 상사의 성향, 특징에 하루 일상이 크게 좌지우지됩니다. 상사가 일을 못하면 못하는 대로, 잘하면 잘하는 대로, 현재의 일에 영향을 미치게 됩니다. 상사와의 관계를 '스마트'하게 유지하는 방법이 없을까요.

이번에는 신수정 KT엔터프라이즈 부문장의 이야기를 정리해 봤습니다. 신수정 부문장은 2010년부터 직장 생활을 하며 경험한 일상과 리더십 등을 SNS를 통해 공유하기 시작했는데요, 이후 페이스북 게시물에는 평균 1,000여 개의 '좋아요'가 달리면서 큰 공감을 얻고 있습니다. 글을 모아 《커넥팅》《일의 격》《거인의 리더십》과 같은 책을 출간하기도 했습니다.

요지는 이렇습니다. "상사를 경영하라." 어떻게 하면 이럴 수 있을까요.

## 신수정 부문장 인터뷰:
## 상사를 고객처럼 대하세요

Q. 안녕하세요 부문장님. 저도 평소에 '좋아요' 많이 눌렀습니다.

감사합니다. 어떤 글을 좋아해 주셨나요.

Q. 저는 부문장님이 상사를 대하는 법에 대해 쓰신 내용이 제일 인상적이었어요. 상사는 아랫사람 하기 나름이라는 느낌이라고 느꼈습니다.

외국 MBA 과정에 보면 '상사 경영(Boss Management)' 과정이 인기가 많다고 합니다. 상사를 잘 관리하는 것도 중요한 능력 중의 하나일 수도 있다는 거죠. 제가 오늘 어떤 회사의 임원분을 만났는데 '뭐가 고민이냐'라고 여쭤봤더니 '은퇴 후 제2의 인생이 고민'이라고 말씀하시더군요. 상사들이 대단한 사람도 아니고 직원들을 괴롭히는 사람도 아닙니다. 똑같은 인간인데 직책이 다르다 보니 부하직원이 스스로가 부담감을 느끼는 것이죠. 본질적으로 소시오패스 같은 사람은 임원의 5%도 안 된다고 봅니다.

Q. 근데 왜 사람들은 상사와 문제가 생기는 걸까요?

직장에서 기본적으로 제일 많이 만나는 사람은 상사이고 많이 만나면 당연히 트러블이 있을 수밖에 없습니다. 가정에서도 같이 사는 아내나 남편과는 트러블이 있을 수밖에 없는 것처럼요.

Q. 일단 상사는 트러블이 있을 수 밖에 없다고 마음을 고쳐 먹겠습니다. 그 다음은요?

상사를 잘 '관리(manage)'해야 합니다. 먼저 모든 상사에게 공통된 부분이 있습니다. 대부분의 상사들은 급합니다. 일을 빠르게 하는 것을 좋아하죠. 하지만 상사마다 다른 부분도 있습니다. 상사들의 스타일에 따라서 대응하는 방법이 달라져야 상사와 트러블을 줄일 수 있습니다.

**Q. 예를 들 수 있을까요?**

승진이 최우선인 사람도 있고, 그보다는 리스크를 안 지고 롱런 하고 싶은 사람도 있습니다. 전자의 경우 일들을 벌이고 싶어 하니까 직원에게 기획과 아이디어를 요구합니다. 리스크를 회 피하는 사람은 거꾸로 아이디어를 좋아하지 않습니다. 성격별 로 보면 꼼꼼하고 모든 것을 다 알기를 원하는 사람도 있고, 큰 그림만 보고 나머지는 귀찮아하는 사람도 있습니다. 그들을 대 하는 방식이 달라야 합니다. 꼼꼼한 사람은 보고를 열심히 해야 하고, 큰 그림을 보는 사람은 아이디어를 제공해야지 좋아하죠. 이걸 거꾸로 하면 문제가 생기고 상사의 신뢰를 얻을 수가 없습 니다.

**Q. 피곤하게 그렇게까지 상사에게 맞춰야 하나요?**

저는 '상사를 고객처럼 대하라'고 조언합니다. 예전에는 고객도 매스마케팅이라고 비싼 광고를 하면 다 통한다고 생각했죠. 지금은 개인화라고 해서 고객 한 분 한 분에 신경을 씁니다. 고객에게도 그러는데 상사라고 못할 이유가 없습니다.

## 이과생은 못하는 아부(?) 커뮤니케이션!

### Q. 일만 잘하면 되지 않나요?

과도하게 정의로운 사람들이나 이과들이 이런 것을 잘 못합니다. 제가 이과에다가 좀 정의로운 성격이었기 때문에 잘 압니다. 저 같은 사람들은 이런 과정을 아부라고 생각합니다. 또, 이과생들은 내가 열심히 일하면 알아준다는 생각을 합니다. 관계보다는 일에 중심을 맞추는 거죠. 이런 걸 정치가 아니라 커뮤니케이션이라고 생각해 보면 어떨까요. 상사와 신뢰 관계가 생기면 상사에게 까칠한 얘기를 하거나 정의로운 얘기를 해도 받아줄 수도 있습니다. 상사도 사람인데 신뢰가 없는 사람은 믿지 못할 것 같습니다.

**Q. 한국처럼 수직적인 문화가 있는 곳에서 가능할까요?**

외국회사는 상사와 직원의 관계가 수평적일 것이라고 생각하는 경우가 많은데 꼭 그렇지 않습니다. 미국의 경우에는 해고할 수 있는 권한이 있어서 직원들이 더 조심합니다. 단지 토론에서 자유롭게 표현하라는 것이지 함부로 대하거나 무례하지 않습니다. 위계질서가 명확합니다. 숫자가 늘어나면 리더가 생기고 결국 위계가 생길 수밖에 없습니다. 위계에 따라 커뮤니케이션의 제한을 두지 말고 상사든 직원이든 다 자기가 생각하는 아이디어를 표현할 수 있게 하자는 것이 외국의 문화입니다.

**Q. 어디든 상하 관계는 있을 수밖에 없다는 것이군요.**

기업은 민주주의처럼 다수결로 결정을 하는 곳이 아니죠. 의사결정은 결국 리더 한 사람이 하게 되죠. 그것이 리더의 권한이자 책임입니다. 그 책임이 있으니 그에 따른 권한을 주는 것이고 나쁜 결과가 나오면 그가 책임을 지게 됩니다.

# 우리는 가족이 아닌
프로팀

**Q. 상사들도 바뀌어야 한다는 말씀을 많이 하셨어요.**

예전 한국 기업 문화에서는 상하 관계에서 상시가 마음대로 할 수 있었습니다. 지금은 다릅니다. 상사가 해야 하는 일은 크게 목표관리, 일 관리, 사람 관리의 세 가지라고 저는 말합니다. 예전에는 이 중에서 사람 관리에 쓰는 에너지가 10% 정도 됐을까요? 이제는 세 개의 비중을 똑같이 둬야 합니다. 예전보다 사람 관리에 에너지를 써야 하는 것이 지금의 리더입니다. 지금은 직원의 신뢰를 얻는 것이 중요하니까요. 1:1 코칭도 하고 말도 가려서 해야 하죠. 피곤하다고 할 수 있지만, 거꾸로 이것이 리더십을 기를 수 있는 좋은 기회입니다. 이런 다양한 환경에서 구성원들을 잘 이끌 수 있다면 글로벌 경쟁력이 있는 리더가 되는 겁니다.

**Q. 요즘 MZ세대 직원들은 하나하나 다 설명해 주고 동기를 부여해 줘야 한다고 하던데요.**

젊은이들이 다르고 잘못된 것이라고 생각하지 않습니다. 우리

세대도 그런 욕구가 있었죠. 하지만 사회에 나가서 윗사람들이 시키는 대로만 하는 것에 젖어든 겁니다. 저는 이것이 '벌거벗은 임금님'과 같다고 생각합니다. 기성세대들도 다 벌거벗은 줄은 알고 있었는데 얘기를 안 한 것뿐이죠. 젊은 사람들은 '임금님이 벌거벗었다'라고 얘기하는 것뿐입니다. 젊은 세대가 50세쯤 되면 더 어린 세대에 대해서 우리가 하는 것처럼 얘기할 겁니다. 점점 더 자유를 원하고, 이유를 원하고 합리적인 것, 일방적이지 않은 것을 찾게 될 겁니다. 세상이 그런 쪽으로 바뀌어가고 있습니다.

Q. 대기업들도 젊은 인재와 IT인력을 확보하는 데 어려움이 많다고 들었습니다.

대기업은 걱정 별로 안 해도 됩니다. '연예인 걱정할 필요 없다'는 얘기가 있죠? 대기업일수록 생존에 예민합니다. 대기업들이 예전에 외주업체를 쓴 이유는 그 당시에는 그것이 생존에 필요했기 때문이죠. 지금은 플랫폼 시대로 바뀌면서 대기업들도 자체 소프트웨어 역량이 필요하다고 느끼면서 그 부분을 강화하고 있습니다. 저희도 그렇고 모든 대기업들이 그렇게 하고 있습니다. 뿐만 아니라 기업문화도 디지털에 맞게 느리지만 바뀌어가고 있습니다. 얼마나 빨리 따라가는지는 문제이지만 대기업의 저력이 있다고 생각합니다. 오히려 걱정할 곳은 대기업도 아니고 스타트업도 아닌 중간에 있는 중견·중소기업들이죠. 저희 KT 엔터프라이즈 고객들이기도 합니다.

Q. 대기업 공채 문화는 어떤가요. 잘 키워 놓은 직원이 나가면 조직은 타격이 있을 깃 같이요.

기업은 가족이 아닙니다. 이제는 조직을 프로 스포츠 구단으로 봐야합니다. 프로선수는 어떤 팀에 영원히 있지 않습니다. 그 사람이 더 좋은 기회가 있으면 다른 곳으로 가고 그 사람이 우리 조직에 맞지 않으면 헤어져야죠. 다만 우리나라는 해고가 자연스럽지 않기 때문에 기업 입장에서 더 억울하게 여길 수도 있습니다. 하지만 시대가 흐르면서 입사와 퇴사가 자유롭게 될 수밖에 없습니다. 직원이 회사에 있을 때 능력을 잘 발휘할 수 있도록 쓰는 것이 몸값을 다 한 것이라고 생각해야 합니다. 회사가 성장을 시켜준다는 개념이 점점 없어지고 있습니다. 그렇기 때문에 HR의 역할이 커집니다. 들어오고 나가는 인력에 대한 유동성 관리가 어느 때보다 중요해지는 거죠.

Q. 프로야구단에도 프랜차이즈 스타(한 팀에 오래 머무는 상징적인 선수)가 있지 않나요.

한 회사에 오래 머물 것인지 다른 곳으로 갈지 결정하는 것은 개인의 자유로 봐야 한다고 생각합니다. 좋은 기회가 있는데 정 때문에 붙잡혀 있는 것도 적절하지 않다고 생각합니다. 프로라 면 '쿨'하게 헤어져야죠. 앞으로 사회가 그쪽으로 변화해야 할 것 같습니다. 사회적인 '마인드셋'이 바뀌어야 그걸 배신이라고 생각하지 않게 됩니다. 그렇지 않으면 조직에서도 충격으로 받 아들이고 나가는 사람도 힘들어집니다. 그 사람들을 우리 회사 에 도움이 될 수도 있는 졸업생(Alumni)으로 생각해야 합니다.

Q. 외부에서 영입된 사람들이 빠질 수 있는 위험에 대해서도 얘기하 셨는데요.

대기업들도 디지털트랜스포메이션을 위해 외부에서 인재를 많 이 영입하죠. 애플, 아마존 같은 글로벌 기업에서 일하던 분들 이나 네이버, 카카오 같은 국내 IT기업 출신들이 많이 이직을 하시죠. 그런데 외부에서 오신 분들이 보면 우리 대기업들이 아 주 비효율적으로 보입니다. 글로벌 회사에서는 문화도 수평적 이고 개발자들과도 가깝게 일하거든요. 그러다 보면 판단을 자꾸 하게 됩니다. 대기업이 비효율적이구나. 구성원도 실력이 없구나라는 판단하게 됩니다. 그러면 기존의 사람과 잘 섞이지 못하게 됩니다.

## Q. 대기업이 비효율적인 것은 사실 아닌가요?

비효율적인 것이 아니라 다른 거죠. 모든 조직마다 특성이 있습니다. 그 조직이 멍청해서 그런 것이 아니라 나름대로 생존을 하기 위해서 만들어진 문화입니다. 그런 특성을 존중을 하는 상태에서 '변신을 하려고 하니 어떻게든 도와야겠다'는 자세를 가져야 합니다. 이건 내부 사람들도 비슷합니다. 외부에서 오신 분들을 긍정적으로 보고 '그들의 노하우를 잘 배워야겠다.' 이런 마음을 가져야 합니다. 낙하산이라면서 불신의 눈으로 보게 되면 회사 측면에서도 큰 손실입니다. 어렵게 외부 사람을 스카우트를 했는데 노하우를 배우지도 못하고, 이 사람이 적응을 못하고 나가면 계속 대기업을 비난하게 됩니다.

## Q. 외부 인재와 내부 사람, 누가 먼저 바뀌어야 하나요?

저는 외부에서 오신 분이 먼저 노력하는 것이 긍정적이라고 봅니다. 기존 조직문화를 존중하고 겸손하게 마음을 얻으면 '원

원'이 될 수 있을 것입니다. 굳어져 있는 것을 갑자기 바꿀 수는 없습니다. 개인이 바꾸면서 변화를 만들어 나가야 합니다. 조직문화를 바꾸는 것이 어렵다고 하지만 성공하는 사람도 많습니다.

**Q. 내부반발로 타협했다고 볼 수 있지 않을까요?**

외부 인사가 영입됐다는 것은 CEO나 오너의 의지가 강하다는 뜻입니다. 일부러 변화를 만들라고 뽑은 것인데 조직문화에 동화돼서 변화가 안 되어도 문제입니다. 변화를 만들어야 합니다. 느긋하게 하라는 것이 아니라 관점을 존중하면서 행동을 빠르게 하라는 것이죠. 마음의 자세가 없이 행동만 빠르게 하면 어려워질 수밖에 없습니다. 결국 사람들이 같이 가는 것이니까요. 영입된 사람의 진정성을 기존 조직원들도 느낄 수 있습니다. 우리를 자기 수단으로 쓰려고 하는 것인지 아니면 이해를 바탕으로 진짜 변화를 만들려고 하는지 느낄 수 있습니다. 물론 시간은 필요하지만, 진정성만 있다면 초기에도 사람의 마음을 얻을 수 있습니다. 그렇게 내부의 지지를 가지고 있다는 것은 변화를 만드는 데 큰 힘이 됩니다.

# 결국
# 마음을 얻어라

인터뷰 중에서 가장 마음에 와닿았던 부문은 현재의 리더에 관련된 내용입니다. 리더에게 가장 중요한 것은 과거에 '성과'였다면 지금은 '사람을 관리하고 그들의 마음을 읽는 것'이 무엇보다 중요한 시대라는 겁니다. 과거처럼 '목표'를 향해 '돌격 앞으로'를 외치는 버전이 '리더 1.0'이라면 '리더 2.0'은 조직원들의 마음을 살피고, 그들에게 동기부여를 제공하고, 함께 앞으로 나아가야 합니다.

부하직원의 입장에서는 상사를 단지 '나보다 직급이 높은 사람'이라는 생각 대신 상사의 특성을 파악해 대하는 게 필요합니다. 가령 꿈이 있는 상사를 만났다면, 그 상사에게 최적화된 태도, 보고를 기반으로 회사 생활을 해나가라는 얘기입니다. 중요한 것은 이러한 태도는 '아부'가 아닌 '커뮤니케이션'입니다.

현재 세상을 이끌어가고 있는 기업, 조직은 이러한 시대에 최적화된 문화를 가지고 있기 때문이라는 생각이 듭니다. 지금 시대에 최적화된 조직은 생존을 넘어 끊임없이 진화해 나갈 것이고 그렇지 않다면 '자연선택'에 따라 도태되고 사라질 겁니다. 진화론자 찰스 다윈이 남긴 과학적 사실로 마무리하려 합니다.

"인류의 오랜 역사에서 가장 효과적으로 협력하고 즉각적으로 행동하는 법을 배운 이들이 승리했다."

# 개인의 불행을 외면하지 않는
# 조직의 힘

"연민을 바탕으로 경영하는 것은
팀을 구축하는 더 좋은 방법일 뿐만 아니라,
회사를 만드는 더 좋은 방법입니다."

– 제프 와이너(Jeff Weiner) –

지난 2022년 서울중앙지법에서 이색적인 판결이 있었어요. '나홀로 근무'를 강요받고 일감도 제대로 못 받은 후배 직원이 팀장을 상대로 소송을 걸었는데, 팀장에게 1,000만 원의 위자료를 지급하라는 판결이 나왔어요. 한편으로 우리나라 설문 조사는 아니지만 51.1%가 직장 내에서 따돌림을 당해 본 경험이 있다는 답변이 있습니다.

회사원들에게 있어서 어쩌면 직장은 가정보다 더 많은 시간을 보내는 장소인 것 같아요. 우리가 평생에 걸쳐 최소 10만 시간(4,166일)은 회사에서 보낸다는 연구도 있었고요.

스트레스와 고통이 많은 회사와 반대로 행복과 연민이 많은 회사는, 분명 직원 개개인 만족뿐 아니라 성과에서도 큰 차이를 만들 것 같아요. 그래서 오늘은 직원 만족도를 높이면서 성과까지 함께 높일 수 있는, 실리콘밸리의 많은 기업이 도입한 '컴패션(Compassion)'이라는 경영 기법에 대해 잠시 소개해볼까 합니다.


## 링크드인이 던진 메시지: 공감의 가치

컴패션 경영을 적극 도입한 곳을 꼽으라고 한다면 제프 와이너 회장이 이끄는 링크드인일 거예요. 제프는 2008년 임직원이 388명에 불과했던 링크드인의 CEO를 맡아 오늘날 임직원 1만 5,000명과 사용자 수 7억 7,000만 명을 거느린 기업으로 끌어올린 인물인데요. 실리콘밸리에서는 그 누구보다도 컴패션 경영으로 유명합니다. 컴패션은 사전적으로는 동정이나 연민 정도가 될 텐데요. 딱 맞는 표현은 없지만 아마도 '사랑의 실천' 정도가 적합한 것 같아요.

그럼 제프의 링크드인, 와튼스쿨 강연, HVO 서치 연구, PBS 다큐멘터리 등을 참조해 제프의 핵심 이야기를 재구성해 보겠습니다.

**Q. 리더십에 대해 말씀해 주세요.**

네, 있어요. 지금껏 리더십은 매우 공격적인 것이고 직원들이 잘 따르도록 하는 것으로 이해를 했는데요. 사실 이런 리더십은 역효과가 커요. 직원들이 가진 고통을 이해하고 이를 해결해 주려고 하는 것이 진짜 리더십 같아요.

**Q. 음···, 그건 자선단체나 종교 논리 같은데요?**

아니에요. 공감은 다른 사람의 감정을 이해하는 데서 출발해요. 그리고 컴패션은 그 감정을 느끼는 것을 넘어 행동까지 하는 것을 뜻합니다. 회사는 항상 집단적인 사고를 하는 존재인데요. 때문에 소수의 견해는 항상 억눌리게 되고, 이를 방치하면 결국 회사의 혁신은 질식해요.

**Q. 컴패션을 하면 효율이 높아진다는 뜻이네요.**

네, 그렇죠. 직원들은 협력적인 환경에서만 안정감을 느끼고 상대방의 의견을 존중해요. 또 의견 불일치가 있더라도 더 많이 업무에 참여하게 되죠. 그렇게 되면 더 많은 참여가 더 많은 혁신적인 아이디어로 이어지고요.

**Q. 이것을 어디서 배우셨나요?**

어느 날 출장지에서 잠이 안 와 PBS 다큐멘터리 〈분열된 교실〉 (A Class Divided)을 보다가 크게 깨달았어요. 아이오와에 있는 3학년 교사인 제인 엘리엇에 관한 내용인데요. 마틴 루터 킹 목사님이 암살을 당한 후에 한가지 사회적 실험을 했어요.

**Q. 어떤 실험일까요?**

학생들을 파란 눈과 갈색 눈을 가진 두 그룹으로 나눴어요. 그리고 하루는 파란 눈의 그룹이 우월하다고 가르치고 점심도 먼저 먹게 하는 특권을 주고, 반면 갈색 눈을 가진 학생들은 열등하다고 말했죠. 그리고 그 다음 날은 역할을 바꿨어요. 이번에는 갈색 눈을 가진 아이들이 우등한 그룹이 된 것이죠. 그리고 이를 반복하는 실험을 했어요.

**Q. 결과는 어떻게 되었을까요?**

학생들은 이러한 경험을 통해 무시를 당한다는 것이 좋지 않다는 것을 자연스럽게 알게 됐어요. 엘리엇 선생님은 한 사회의 축소판을 교실에 만들고 이를 학생 스스로 깨닫게 하는 컴패션 실험을 한 것이죠. 학생들을 추적해 보니 성인이 돼서도 그 누구보다도 타인에 대한 이해도가 높았다고 해요.

**Q. 이런 컴패션도 가르칠 수 있나요?**

그렇죠! 다큐멘터리에서 본 듯이 컴패션은 누구나 가르치고 배울 수 있어요.

**Q. 근데, 링크드인하고는 어떤 관련이 있을까요?**

관련이 있죠. 전 2008년 링크드인 CEO로 합류하기 전날, 리드 호프만 창업주에게 전화를 걸었었어요. 처음이니 물어봤죠. 어떻게 해야 하냐고요. 그는 아주 간단히 말했어요. "쉬워요. 이제부터 공은 당신 거예요." 그리고 그는 출장 일정을 잡고 8주 동안이나 사무실을 비웠어요. 마치 리더십이 이제는 저한테 갈 것이라고 모든 임직원한테 보낸 메시지죠. 전 컴패션의 첫 번째 조건이 '관찰'이라는 것을 배웠어요.

**Q. 근데, 제품하고는 상관없잖아요.**

아니죠. 링크드인의 비전에는 컴패션이 녹아 있어요. 링크드인은 소셜 네트워크뿐 아니라 이직 추천도 하는데요. 사실 경험이 없거나 네트워크가 부족한 사람들은 도움을 받을 길이 별로 없어요. 그래서 커리어 어드바이스 기능을 개발해 멘토를 모았는데, 불과 몇 달 만에 100만 명에 달하는 사람들이 몰렸어요. 경영 비전을 제품으로 만들 결과물이죠.

제프는 컴패션을 행하려면 무엇보다도 다른 사람 입장에서 살펴보라고 권유했어요. 다른 사람의 생각이 나와는 너무 다르다면 보통 이런 생각을 한 대요. "와 저 사람 몰라도 너무 모른다!" 아니면 "내가 모를 줄 알고? 뭔가 숨겨 놓은 꿍꿍이가 있을 거야!" 이럴 때면 상대방이 어떻게 그런 결론에 도달하게 됐는지를 먼저 생각해 보래요. 이런 경험을 충분히 쌓은 리더는 누군가를 진정 코칭할 수 있고 팀을 협업으로 이끌 수 있대요.

## 관찰하고, 공감하고, 행동하세요

컴패션 경영은 이미 경영 기법으로 정리가 된 상태예요. 미국 미시간대학 경영대 교수인 모니카 월라인과 제인 더튼은 수많은 기업들과 직원들을 인터뷰했는데요. 그 결과 《컴패션 경영》이라는 책을 냈어요. 짧게 요약해 볼게요. 우선 컴패션은 행복이나 감사와는 다소 다른 개념이에요. 누군가의 고통이나 어두운 면을 덜어주는 것이 바로 컴패션이에요. 그래서 관찰, 공감, 행동이 필요하고요.

컴패션 경영: 관찰하고 → 공감하고 → 행동한다

대다수 사람이라면 서로 승진하기 위해 누군가를 무너뜨리려는 조직보다 서로를 보살펴 주는 조직을 선호할 텐데요. 컴패션 경영은 여기서 출발합니다. 예를 들어 미라클 사원이 있다고 해 볼게요. 미라클 사원은 얼마 전 당혹스러운 인사 발령을 받았어요. 금요일 퇴근 무렵 아무런 통보 없이 조직이 통합됐으니 월요일부터 다른 곳으로 전근 가라는 발령이죠. 개인적으로는 너무나 큰 일이지만 누구한테도 귀띔받은 적도 없고 그렇다고 누구한테 물어봐야 할지도 몰라 난감해요.

사실 회사에서 발령은 정말 정말 필수 불가결한 행동인데요. 문제는 어떤 회사는 직원들의 입장에 서는 회사도 있고 그렇지 않은 회사도 있다는 점이에요. 컴패션 경영을 한다면 직원이 충분히 고통을 받을 수 있다고 생각하고 이를 완화하는 조치를 함께 합니다. 크게 4가지 방식을 쓸 수 있어요.

하나, 적절한 타이밍을 잡고

둘, 존엄을 우선하는 회사 문화를 만들고

셋, 단절감을 최소화하는 정책을 하고

넷, 직원을 존중하는 이벤트를 엽니다.


때문에 컴패션 기업이라면 퇴근 무렵 인사를 내지 않고, 사전에 왜 이런 인사가 필요했는지 설명을 해주고, 그동안 수고했다면서 작은 선물이나 이벤트로 토닥여 줍니다. 월라인 교수는 컴패션 경영은 비용이 들지 않으면서도 큰 효과를 볼 수 있다고 강조했어요. 근데 모든 조직이 쉽게 이런 기법을 쓸 수 있는 것은 아니래요.

문제는 규율이 너무 강한 조직인데요. 이럴 때는 컴패션이 작동되기 어렵다고 합니다. "말해봤자 안 들어 줄 테고 자칫하면 나약한 사람"이라는 인식만 심어줄 수 있어 차라리 "말을 말지"라는 생각을 합니다. 그래서 위로는 CEO, 옆으로는 동료, 심지어는 다른 부서 직원들까지 동료의 어려움을 헤아릴 수 있도록 문화를 구축하는 것이 중요해요. 어떤 기업들은 컴패션 아키텍트(compassion architect)를 별도로 둬서 기업 문화를 이끌기도 하고요.

컴패션 경영은 상대방의 고통을 이해하고, 이를 가급적 넓게 해석해 주는 데서 시작해요. 예를 들어

"부장님, 저… 내일 아내가 애기 낳을 것 같은데, 오늘 휴가 좀…"

"야, 누군 애 안 낳아 본 줄 알아."

이러면 안 됩니다. 공감하고 행동에 나서는 것이 바로 컴패션! 조직이 서로서로 보살펴 줄 때 업무 효율이 당연히 더 높아지겠죠.

제프는 30세 때 달라이 라마의 행복론을 읽고 느낀 바가 컸다고 해요. 우리한테는 공감하는 능력과 컴패션(연민)하는 능력이 모두 있는데 이 둘은 다른 것이라고 합니다. 잠시 산길을 걷는다고 상상을 해 보세요. 한참을 걷고 있는데, 그때 산길 중턱에 바위에 짓눌려 있는 누군가를 만났어요. 공감은 그 사람의 고통을 같이 느끼는 것이고, 컴패션은 여기서 더 나아가 바위를 옮기고 그 사람의 고통을 덜어주는 바로 그 행동이라고 합니다. 즉, 컴패션은 공감에서 한 걸음 더 나아가 상대방의 렌즈로 한 번 세상을 바라보고 움직이는 행동입니다.

한평생 최소한 10만 시간을 보내는 직장이라는 공간에서 컴패션은 사실 없어서는 안 될 덕목 같아요. 또 컴패션은 직장뿐 아니라 우리 곳곳에 필요한 삶의 원동력입니다. "인간관계는 시간이 갈수록 저절로 깊어지는 것이 아니다. 행동을 취하지 않으면 영원히 한자리에 머무를 뿐이다. 교감의 결정적 순간은 짧지만 강렬하다"는 〈순간의 힘〉 명언처럼 오늘 하루라도 주변 사람들을 다른 시선으로 바라보면 어떨까요?

# 잠재력을 갖춘 사람은 누구일까

"모든 직원은 자신의 무능함의 단계까지 승진한다."

– 피터의 법칙 –

당신 앞에 두 명의 매니저급 직원이 있습니다. 인사권자인 당신은 두 사람 중 한 사람을 임원으로 승진시켜야 하는데요.

A: 이 사람은 엄청난 영업 성과를 낸 사람. 그런데 사내의 평가는 좋지 못합니다. 아랫사람을 지나치게 갈아 넣어서 성과를 냈다는 비판을 받는 사람이죠.

B : 다른 사람은 아직까지 인상적인 성과를 보여주지는 못한 사람. 대체로 평은 나쁘지 않지만, 해당 분야에서 일해 본 경험이 많

지 않습니다.

어떤 사람을 임원으로 승진시켜야 하는 걸까요? 당연히 A일까요? 아니면 잠재력을 보고 B를 승진시켜야 할까요?

## 왜 승진하다 보면
## 무능해지는가

1969년 미국에서 교육학자 로런스 피터와 레이몬드 헐이라는 작가의 책이 큰 인기를 얻습니다. 그 책 《피터의 법칙》은 '모든 직원들은 자신의 무능함이 드러날 때까지 승진한다'는 내용으로 요약할 수 있습니다. 어떻게 보면 당연한 얘기 같아 보입니다. 한 분야에서 능력을 발휘해서 승진하다 보면 결국 자신의 능력이 통하지 않는 단계까지 도달하게 되고 그 이상으로는 승진을 못 하게 된다는 겁니다. 이 책은 많은 사람들에게 공감을 얻었습니다. 두 가지 이유에서인데요.

하나는 왜 나의 '상사'가 무능한가에 대한 이유를 부하직원이 이해할 수 있는 설명을 얻었기 때문입니다. 상대적으로 낮은 직급에서는 유능했던 사람이 승진해서는 왜 무능해지는가에 대한 답을 주고 있거든요.

두 번째는 '승진의 딜레마'를 보여준 것인데요. 업무성과를 기준으로 승진을 시키다 보면 (특히 영업) 이 사람이 관리자로서의 능력을 갖추지 못한 채 임원이 될 수도 있다는 것을 보여준 것입니다. 최근의 한 연구는 이 피터의 법칙을 뒷받침하는 결과를 보여주기도 했습니다.

이 책은 1969년에 나왔기 때문에 어쩌면 '수직적인 조직체계'가 보편적이었던 시대에 잘 들어맞는 책이라는 생각도 듭니다. 지금은 기업을 비롯해 대부분 조직이 수평적으로 변했고 큰 기업일수록 인재를 키우는 것이 훨씬 체계적으로 변했으니까요.

하지만 여전히 피터의 법칙이 사람들의 관심을 끄는 것은 잠재력(Potential)과 성장(Growth)의 중요성에 대해서 모두 관심이 많기 때문인 것 같아요.

피터의 법칙을 어떻게 피할 수 있을까요? 개인의 측면에서 보자면 계속 성장하면 됩니다. 반면 이를 HR(인사관리)의 측면에서 보면 잠재력이 있는 사람을 찾고, 키워야 하는 문제가 됩니다.

스타트업에서도 '피터의 법칙'과 비슷한 현상은 발생하고 있어요. 소수의 인원으로 구성된 스타트업에서는 유능했던 창업자와 초기 멤버들이 회사가 투자를 받고 조직이 커지면서 점점 무능하게 변하기도 해요. 이 과정에서 초기 멤버들이 회사를 떠나기도 하지요. 실리콘밸리에서는 상장을 앞둔 스타트업 창업자가 대표이사에서 물러나는 경우가 아주 많습니다.

그렇다면 어떤 사람이 잠재력이 있는 사람일까요?


## 잠재력은 어떤 사람에게
## 숨어있는가


임원 헤드헌팅 기업 이곤 젠더의 선임고문 클라우디오 페르난데즈 아라오즈가 2014년 〈하버드비즈니스리뷰(HBR)〉에 쓴 '21세기 인재 발견'이라는 글이 있어요. 아주 유명한 이 글을 통해서 그는 21세기의 인재란 바로 '잠재력(Potential)'이 있는 사람이라고 주장합니다. 그와 가상 인터뷰를 재구성해서 직접 설명을 들어볼게요.

Q. 안녕하세요? 아라오즈 고문님. 1986년부터 30년 넘게 임원 헤드헌팅 업무를 해오셨고 이 경험을 바탕으로 책도 집필하셨죠?

네, 그렇습니다. 그리고 한국에도 몇 번 방문했고, 제 책이 한국어로 번역도 되어있습니다.

Q. 잠재력이 있는 사람이 왜 21세기에 필요한 인재죠?

과거에는 임원의 능력과 전문성이 중요했던 때가 있었습니다.

하지만 지금은 세상이 너무 빠르게 변하죠. 그러니까 빨리 배우고 빨리 변화하는 능력이 중요합니다. 저는 잠재력을 갖춘 사람의 예로 1972년 안데스산맥 비행기 추락사고의 생존자인 페드로 알고르타를 예로 들었습니다.

Q. 안데스산맥 비행기 사고요? 저도 기억이 납니다. 제가 어렸을 때 그걸 원작으로 한 영화 〈얼라이브〉도 봤어요.

끔찍한 사고죠. 페드로 알고르타와 대학 럭비팀이 탄 비행기가 1972년 안데스 산맥에 추락하죠. 탑승자 45명 중 16명이 눈으로 뒤덮인 산에서 72일을 버틴 끝에 구조됩니다.

Q. 생존자들은 먼저 세상을 떠난 사람들의 사체를 먹으면서 버텼다고 하죠. 그 장면이 어렸을 때는 너무 충격적이었어요.

그렇습니다. 저는 페드로 알고르타와 스탠포드대학 MBA를 같이 다녔습니다. 저는 그를 아르헨티나의 한 맥주회사 매니저로 추천했는데요. 그는 소비재 산업이나 마케팅 관련된 경험이 전무했습니다. 하지만 그 맥주회사에서 빠르게 승진했고 나중에는 모회사가 보유한 아르헨티나 1위 맥주 브랜드의 대표까지 승진합니다.

**Q. 잠재력이 있는 사람을 어떻게 찾아내시나요?**

수많은 임원을 만나본 결과 제가 느낀 잠재력의 가장 큰 조건은
바로 모티베이션(Motivation)입니다. 잠재력을 갖춘 사람들은 어
떤 목표에서 뛰어난 성과를 내기 위해 온 힘을 다해서 헌신합니
다. 그 목표란 자신의 성공과 같은 이기적인 목표가 아니죠. 그
가 정한 목표는 많은 사람들이 함께 바라볼 수 있는 원대한 목
표입니다. 그는 항상 겸손하고, 잘하기 위해 투자를 아끼지 않
습니다. 대부분 사람들이 이를 의식하지는 못하지만, 잠재력에
서 제일 중요한 조건을 저는 모티베이션이라고 생각합니다.

**Q. 잠재력을 갖춘 사람을 찾아내는 다른 특성은 없을까요?**

첫 번째는 호기심(Curiosity)입니다. 잠재력이 있는 사람은 새로
운 경험, 지식을 추구하고 솔직한 피드백을 두려워하지 않습니
다. 두 번째는 통찰력(Insight)이죠. 잠재력이 있는 사람은 정보
를 모으고 거기서 새로운 가능성을 발견하는 능력을 갖추고 있
습니다.

**Q. 더 있을까요?**

세 번째는 참여(Engagement)입니다. 잠재력을 갖춘 사람은 감정과 논리, 비전을 통해 다른 사람들을 설득할 수 있습니다. 네 번째는 강력한 의지(Determination) 입니다. 잠재력을 갖춘 사람은 어려운 과제에 도전하고 역경을 맞아도 다시 일어납니다.

## 사람을 움직이는 힘은 무엇인가

'한 사람을 움직이는 힘'이 잠재력의 가장 중요한 요소라는 설명은 다른 글에서도 찾아볼 수 있습니다. 런던대학 경영심리학과 토마스 차모로 프레무직 교수는 어떤 사람의 잠재력을 나타내는 세 가지 요소(능력, 사회성, 추동력) 중 제일 중요한 것을 추동력(Drive)으로 꼽습니다. 능력과 사회성은 타고난 재능일 수 있는데 이를 배가시켜주는 것이 바로 추동력이니까요. 그는 이렇게 설명합니다.

"추동력은 한 사람의 끈기, 모티베이션, 야심을 통해서 측정할 수 있습니다. 그의 행동에서도 얼마나 강한 추동력을 가진 사람이 있는지 파악할 수가 있습니다. 자신에게 주어지는 일을 최선을 다해서 하고, 새로운 과업과 책임을 기꺼이 받아들이는 사람, 때로는 그 과정에서 자신을 희생하는 사람들이 강력한 추동력을 갖고 있다고 볼 수 있습니다."

사실 페드로 알고르타는 16명의 생존자 중 영웅은 아니었습니다. 60일간 고립된 끝에 16명 중 두 명이 목숨을 걸고 산을 내려갔습니다. 두 사람은 자그마치 열흘을 걸어서 사람들이 있는 곳에 도착했죠. 그들은 나머지 사람들을 살린 영웅이었습니다. 하지만 페드로 알고르타는 그곳에 남아서 다른 사람들을 돕고 그들이 희망을 잃지 않도록 응원했습니다. 경영자로, 리더로 그의 커리어도 비슷했다고 합니다. 그는 과감하게 회사를 구조조정하거나, 영업을 잘하는 재주는 없었습니다. 하지만 사람들을 돕고 그들이 스스로 일할 수 있는 분위기를 만들어 주었다고 합니다. 그는 "사람마다 다른 리더십이 있고 저는 저의 리더십을 그곳에서 발견했습니다"라고 말했습니다.

페드로 알고르타는 평생을 자신이 안데스 산맥의 생존자라는 것을 숨기고 살았습니다. 그는 평범하게 살고 싶었거든요. 인간이 살면서 평생 한 번도 경험하기 힘든 극단적인 경험을 했지만 그의 삶은 바뀌지 않았습니다. 대학을 졸업하고, 취업을 하고, 결혼을 해서 자식을 키웠습니다. 그러다가 자신의 경험을 말하기 시작하게 된 중요한 계기가 생겼습니다.

사건이 발생하고 30년 이상이 지난 후, 그는 아내와 함께 비행기가 추락했던 안데스 산맥의 그 장소로 가보았습니다. 참 여러 가지 생각이 들었겠지요. 그는 그곳에서 한 여성을 만나 이야기하게 되었습니다. 그녀는 페드로에게 이렇게 말했습니다.

"제 외동아들이 스스로 목숨을 끊었습니다. 그럼에도 불구하고 제가 죽지 않고 살아있는 건 (희망을 버리지 않고 살아남은) 당신들을 생각하기 때문입니다."

그는 자신의 경험이 다른 사람에게 용기가 될 수도 있다는 생각을 처음으로 해 보게 됩니다. 그리고 조금씩 자신의 얘기를 다른 사람들에게 하기 시작했죠. 그에게 아주 강력한 모티베이션이 생긴 겁니다. 다른 사람들을 돕고 싶다는 동기가 생기면서 그는 변화할 수 있었습니다.

30년의 침묵을 깨고 그는 사람들 앞에 서서 자신의 경험을 말하기 시작했습니다. 깊은 절망에 빠진 사람들에게 용기를 주기 위해서죠.

"저도 가장 절망적인 순간에서 용기를 내서 살아남았어요. 당신도 할 수 있어요. 삶은 계속됩니다"


## 누구를
## 승진시켜야 할까

오늘 레터의 서두에서 말한 승진의 밸런스 게임. 혹시 이제 마음을 결정했나요? 먼저 개인의 영업 성과를 기준으로 임원을 승진시키는 것은 그다지 좋은 방법은 아니라고 합니다. 영업을 잘하는 능력과 매니저로 사람들을 관리하는 능력은 전혀 다르니까요. 그래서 개인적인 영업성과는 금전적인 보상을 해주는 것이 좋다고 합니다.

하지만 A의 성과가 팀 단위에서 나온 것이고 A에 대한 사람들의 평가가 100% 신뢰하기 어려운 소스에서 나온 것이라고 어떨까요? 그러면 이제 A와 B의 밸런스가 좀 맞을 것 같은데요. 우리가 승진시킬 사람이 '피터의 법칙'에 빠지지 않게 하려면 두 사람이 어떤 추동력에 의해서 움직이는지를 봐야 할 것 같아요. 이 사람이 높은 자리에 올랐을 때,

· 배우고 변화하는 것에 적극적인가.

· 다른 사람들을 설득하고 그들에게 올바른 방향을 제시할 수 있나.

· 겸손하고 정직하며 이기적으로 행동하지 않는가.

A와 B 중 그런 능력을 가진 사람을 승진시켜야 할 것 같습니다.

조직문화 차원에서 본다면 직원들의 모티베이션과 추동력을 잘 키워주는 것이 중요합니다. 스스로 일하는 사람일수록 잠재력을 발휘할 가능성이 높을테니까요. 직원이 추구하는 방향과 조직이 추구하는 방향이 일치하는 것. 소위 얼라이먼트(Alignment)를 일치시키기 위해 많은 기업들이 노력하는 이유입니다.

# 회사에서는
# 나쁜 놈이 정말 잘 나갈까

"항상 자신만을 위해 봉사하려는 테이커,
항상 자신과 타인에게 동등한 이익을 얻으려는 매처,
그리고 항상 사람들을 도우려는 기버가 있습니다.
효과적인 채용은 기버를 영입하는 것이 아니라
테이커를 걸러내는 것이 중요합니다."

– 애덤 그랜트(Adam Grant) –

　회사 생활을 하다 보면 이런 생각을 종종 하게 됩니다. 왜 저런 나쁜 인간이 회사에서 승승장구하는거지? 나는 너무 손해만 보면서 회사 생활을 하는 건 아닐까? 오늘은 모든 직장인들의 이런 고민을 중심으로 생각해 보았습니다.

# 기버가
# 승리할 수 있을까

이타적인 사람(Giver)에 대한 글로 유명한 사람이 있습니다. 바로 와튼 스쿨 심리학과 교수인 애덤 그랜트에요. 그는 2013년 나온 《기브 앤 테이크》라는 책에서 '이타직인 사람이 결국 성공한다'고 주장했죠. 이 책의 핵심 내용은 이런 것이라고 해요.

세상에는 세 종류의 사람이 있어요. 받는 것보다 주는 것이 많은 이타적인 사람(Giver), 받는 것이 훨씬 많은 이기적인 사람(Taker), 받는 만큼 주는 현실적인 사람(Matcher). 기버(Giver), 테이커(Taker), 매처(Matcher). 우리의 생각과는 다르게 기버가 사회적으로 성공하고 있어요. 기버의 선한 행동이 사람을 그 주변에 끌어들이거든요. 또, 매처가 이기적인 테이커를 처벌해서 도태시키는 것도 결국 기버가 승리하는 이유. 다만 기버들이 호구처럼 아낌없이 퍼주다 보니 성공하는 사람만큼 실패하는 사람도 많다고 해요. 이타적인 것도 좋지만 필요할 때는 자신의 이익을 챙기는 것도 필요하다는 것.

이 같은 기버에 대한 글을 볼 때마다 생각나는 분이 있어요. 애덤 그랜트와 같은 심리학자이며 '어쩌다 어른'이라는 방송과 유튜브를 통해서 대중적인 인지도를 얻은 김경일 아주대학교 교수입니다. 김경일 교수님은 2013년 1월부터 매주 매일경제신문에 〈CEO

심리학〉이라는 칼럼을 9년 넘게 기고하고 있어요.

교수님 글의 많은 부분이 '선한 사람이 조직 내에서 잘 되어야 한다'는 내용이에요. 애덤 그랜트가 조직 내에서 개인의 성공에 초점을 맞춘다면, 교수님의 글은 조직문화를 만들어야 하는 리더의 관점이었어요. 리더의 결정과 행동에 조직의 사람들이 영향을 받으니까요. 그래서 교수님을 한 번 직접 찾아가서 '왜 선한 조직'을 만들어야 하는지에 대해 얘기를 들어봤습니다.

## 김경일 교수의 인터뷰:
## 선한 사람들이 승리하는 조직을 만들자

Q. 매일경제신문에 10년 이상 연재를 하고 계세요. 어떻게 매번 새로운 글을 쓰실 수 있나요?

저는 저를 안 믿어요. 저 같은 인지심리학자들의 연구를 축약하자면 한마디로 저희들은 '인간을 안 믿는 사람들'이죠. 내일 출근할 때 꼭 가져가야 하는 것이 있다면 그걸 신발장 옆에 두는 것이 인지심리학자들이에요. 지금처럼 매주 글을 써야 하는 상황에 몰아넣으면 사람은 쓰게 되죠. 또, 개인차를 활용해요. 저는 주로 아내와 수다를 떨고 난 다음에 글을 써요. 다른 사람과 대화하면 아이디어가 떠오릅니다.

**Q. 인지심리학이 리더십과 HR 연구에 어떤 영향을 미치고 있나요?**

국민소득 1만 달러까지는 사람들이 심리학에 관심이 없죠. 1만 달러에서 2만 달러가 되는 과정에서는 서서히 사회심리학이 뜨기 시작해요. 2만 달러를 넘어가서 3만 달러를 향해가면 상담심리학이 인기를 얻죠. 3만 달러를 넘어서면 인지심리학이 인기를 얻는다고 생각해요. 사람에게 심리적인 문제가 없더라도 스스로가 강해지고 싶어지면 인지심리학에 관심을 갖게 되요. 강해진다는 것이 꼭 힘을 뜻한다는 것은 아니고 쓸모 있고 지혜롭고 창조적인 사람이 된다는 뜻이에요.

**Q. 교수님의 글을 보면 결국 선한 사람이 승리하는 조직을 만들어야 한다는 것 같은데요. 왜 그래야 하나요?**

진화에 대한 연구가 기업의 HR에도 영향을 줬을 거라고 생각해요. 우리는 이렇게 근본적인 질문을 할 수 있어요. 우리는 누구의 자손인가. 지금 여기 저희가 살아있다는 것은 30만 년 전부터 있던 유전자가 멸종하지 않았다는 뜻이에요. 진화의 승리자라는 뜻이죠. 현대를 보면 대부분의 왕족은 멸절돼요. 더 강한 자에게 살해당한 것이죠. 그걸 보면 우리 조상은 힘이 약해도 착했을 것 같아요. 그것이 그들이 살아남은 비결이죠. 리처드 도킨스의 책 《이기적 유전자》의 내용은 결국 유전자는 아주 이기적이지만 사람의 행동은 이타적이라는 것이에요.

**Q. 선한 조직을 만드는 것이 현대 사회에 더 중요한 이유가 있나요?**

진화심리학은 진화적 관점을 많은 학문에 적용시키는 것에 성공했어요. 대표적인 것이 게임이론과 '팃포탯(이에는 이 눈에는 눈)'이죠. 게임을 한 번만 한다면 배신하는 것이 맞죠. 하지만 게임은 무수히 하게 되요. 인간의 수명이 길어지고 있고 사람들이 다시 만날 가능성은 높아지니까요.

현대사회에는 다양한 세대가 일해요. 비슷한 세대가 일하거나 동질적인 사람들이 일하면 부조리나 나쁜 행동에 대한 심리적인 면역력이 강해져요. 우리도 동년배끼리는 나쁜 짓을 하고 용인해주기도 하죠. 하지만 나랑 성별도 출신도 전혀 다른 사람이 나쁜 짓을 하면 못 참죠.

검찰 개혁에 대한 얘기가 많은데 가장 좋은 방법은 여성 검사 비율을 늘리면 된다고 생각해요. 여성이든 남성이든 하나의 성별로만 이뤄진 조직은 괴물이 되기 쉽다고 생각해요. 어떤 조직이 부조리해진다는 것은 나쁜 리더가 주도권을 가져도 조직원들이 반항을 못 한다는 것이에요. 그런 조직은 강해지면서 결국 파멸하죠.

## Q. 부조리한 조직에서는 어떤 일이 발생하나요?

내부 부조리가 많아지면서 가장 먼저 발생하는 것은 능력 있는 착한 자부터 떠나는 것이에요. 악한 사람들이 제일 싫어하는 것이 '능력 있는 착한 자'거든요. 그래서 다양한 세대가 일하는 곳일수록 리더가 악하면 안 돼요. 리더는 역량 있는 선한 사람이 되어야 해요. 착한 리더 밑에 있는 사람들은 역경이 와도 버틸 수가 있어요. 왜 착하게 살아야 할까요? 남을 돕는 사람은 전혀 자신과 무관한 시련이 와도 버틸 수가 있어요. 내가 더 강하게 되죠. 실제로 이런 실험도 있어요. 사람이 물을 가득 채운 양동이를 들고 있는데 착한 일을 하는 나를 상상해 보고 나쁜 일을 하는 나를 상상해 보게 하면 착한 일을 상상하는 사람이 더 오래 버틸 수 있었다고 하죠.

## Q. 선한 것이 강하다는 건가요?

도덕이나 미덕은 가치가 있어서 선한 것이 아니라 무기이기 때문에 선하다고 저는 말해요. 정의로운 자는 부조리한 자 밑에서 심리적으로 버틸 수가 없거든요. 인간의 무의식에는 정의를 찾는 것이 있어요. 그래서 기업의 ESG가 중요해요. 착한 기업이어야지 조직원들이 더 강해지거든요.

Q. 스스로가 정의롭다고 하는 사람들이 많은데 선한 것과는 어떻게 다를까요.

정의(正義)란, 지금 이 상황에서 정의가 무엇인지 고민하는 것이 정의에요. 자신들이 정해놓은 원칙을 따르는 것이 정의가 아닙니다. 한 상황에서 적용된 원칙이 다음 상황에서는 절대로 같게 적용될 수 없어요. 상황이 바뀌면 사람의 행동이 바뀌고 룰이 바뀌어야 합니다. 저는 무엇이 원칙인지 기꺼이 고민하고 시간을 쓰는 사회가 되어야 한다고 생각해요. 매번 고민을 하면 효율성이 떨어지지 않겠냐고 하는데 그것이 더 효율적이에요. (고민을 하면 더 좋은 결정을 내릴 수 있고 다음번에 결정을 내리는데 걸리는 시간도 줄어듭니다.) 사회뿐 아니라 조직도 그 고민을 기꺼이 해야 한다고 생각해요.

Q. 소시오패스에 대한 교수님 영상이 큰 인기를 끌었는데요. 왜 소시오패스들이 조직에서 성공하는 걸까요.

우리가 소시오패스에 왜 열광하는 건 우리 삶에서 물리적인 폭력은 줄어들었기 때문이에요. 정신적인 착취에도 신경을 쓸만 큼 좋은 사회가 됐다는 거죠. "왜 우리 주변에 소시오패스가 안 사라질까" 하고 생각해 본다면 실제로는 소시오패스가 많지 않습니다. 못된 놈 하나가 잘되면 다들 그것에 주목해서 그렇지 실제로는 소시오패스가 성공하는 경우가 많지 않습니다.

그럼에도 불구하고 소시오패스가 계속 잘되는 기업이 있다면 그건 리더의 잘못이에요. 특히, 리더가 착하고 무능한 자를 못 되고 무능한자보다 쎄게 처벌하면 악의 세력이 조직 내에서 커집니다. 둘 다 무능했는데, 둘 다 잘못했는데, 둘 다 저성과자인 데, 착하면서 저성과인 자를 세게 처벌했을 때 사람들은 악의 법칙의 지배를 받습니다. 그 리더가 왜 그랬을까요? 착한사람은 벌을 주면 뒷탈이 없을 것 같으니까 그런거죠. 그런데 둘 다 똑같이 잘못했는데 착한놈을 처벌하는 회사가 굉장히 많아요. 소시오패스들은 그런 분위기를 확실히 감지합니다. 리더의 엄청난 실기죠.

**Q. 요즘은 리더, 상사가 더 힘들다는 얘기도 많던데요.**

요즘 블라인드도 있고, 직장 내 괴롭힘 금지법 같은 것이 있죠. 약자들에 대한 보호 수단이 생겼습니다. 그러다 보니 반대로 최고 경영자들이 상처를 받는 경우가 많아요. 악마같은 인간이면 상처를 받지 않죠. 하지만 착한 CEO는 아래 직원에게서 상처를 받습니다. 후배들에게 받은 상처가 (윗사람에게서 받는 상처보다) 더 크거든요. 후배들에게 폭언을 들으면 칼 맞은 것과 똑같아요. 제가 상담하는 임원 중에는 (이런 경험을 토로하면서) 엉엉 우는 사람도 있어요. 이런 것은 약한 것이 아닙니다. 인품이 좋고 훌륭한 리더의 성향을 갖고 있다는 것을 보여줍니다.

## 선한 사람들이
## 결국엔 승리한다

여기까지 인터뷰가 마음에 들었나요? 저는 교수님과 인터뷰를 진행하면서 제가 힐링을 받는 느낌을 받았답니다. 정의가 승리하고 착한 사람이 살아남는 영화를 봤을 때 느껴지는 '사이다' 같은 느낌이랄까요?

인터뷰를 정리해 보면 이렇습니다.

1. 인지심리학은 사람의 뇌(심리)를 연구해서 우리가 강해질 수 있는 방법을 찾는 걸 도와줍니다. 그래서 리더십이나 조직관리에 도움이 되죠.

2. 진화의 측면에서 보자면 '약하지만 착한 사람'들이 당대에는 고통을 받았을지 모르지만 유전적으로는 살아남았습니다. 그래서 인간은 무의식적으로 '선한 것'에 끌리고 거기서 더 힘을 얻습니다.

3. 그런 점에서 선한 조직이 더 강합니다. 선한 일을 한다고 생각했을 때 조직원들이 더 강해지기도 하고, 악한 조직은 내부의 부조리로 인해 결국 파멸하기 때문입니다.

4. 하지만 자신들이 선하다고 주장하는 사람들은 선한 것이 아니에요. 항상 스스로가 정의로운가에 대해서 고민하는 사람들이 정의로운 사람들입니다.

5. 조직이 악에 빠지는 가장 흔한 경우는 리더가 선한 사람을 악한 사람보다 더 강력하게 처벌했을 때 발생합니다. 그러면 사람들은 생각하죠. '착하게 살면 나만 손해네'

'선한 사람들이 결국엔 승리한다.'

너무 낙관적이고 현실을 모르는 생각일까요? 김경일 교수님께서도 이런 생각이 너무 한쪽 면만 보여주는 것일 수도 있다고 걱정하셨어요. 지금도 세계 어디에서는 악한 사람들이 승리하고 착한 사람들이 고통받고 있으니까요. 하지만 결국 미래는 선한 사람들이 승리하는 방향으로 진보한다는 믿음이 중요한 것 같아요. 교수님 말씀대로 그런 믿음이 우리를 더 강하게 만들어주니까요. 오늘 이야기가 독자들에게 힘이 되었으면 좋겠습니다.

# 사장님 생각 맞히는 회의는 그만

"상상력은 지식보다 더 중요합니다.
지식은 우리가 지금 알고 이해하는 모든 것에 국한되지만,
상상력은 전 세계를 아우르며 앞으로 알고 이해해야 할
모든 것을 포괄하기 때문입니다."

– 알베르트 아인슈타인(Alfred Einstein)–

이런 회사 우화가 있습니다. 회식을 앞두고 한 팀장이 팀원들에게 맛집을 안다면서 다소 멀리 떨어진 식당에 가보자고 제안을 했습니다. 팀원들이 모두 이구동성 좋다고 했고요. 팀장이 직접 팀원들을 위해 차를 몰았습니다. 하지만 길이 막혀 1시간이나 걸렸고 도착해서 30분을 기다렸습니다. 모두들 배고픈 나머지 허겁지겁 식사를 했고, 팀장이 다시 운전대를 잡았습니다. 그리고 나지막이 이런 말을 했습니다.

"식당 별로였죠? 사실 나도 인터넷으로 찾아본 맛집이었는데요. 너무 멀고 힘들어서 어떻게 먹었는지도 몰랐네요. 팀원들이 매번 식당을 찾는 것이 힘들어하는 것 같아 직접 찾아봤는데…."

"아 전 팀장님이 좋아하시는 곳인 줄 알았는데…."

"아 전 대리님이 좋다고 하셔서, 좋은 곳인 줄 알았어요."

생각과 의견이 제대로 발현되지 않으면 아무도 만족하지도 못하고 고생만 한다는 회사 우화인데요. 우리네 곳곳에서는 이런 일들이 흔히 벌어집니다.

특히 기업과 학교의 회의에서는 수많은 의견이 오가지만, 실은 사장님 의중과 선생님의 뜻을 맞히기에 온통 신경이 쏠립니다. 아무리 좋은 생각을 말하더라도 누군가가 "그건 사장님 뜻과는 다른 것 같습니다"라고 한마디 한다면, 그 생각은 그 자리에서 죽어 버리게 됩니다. 그리고 모두 입을 닫죠.

하지만 정작 사장님의 태도는 어떤가요? 누가 그런 뜻을 품고 있는지조차 물어보지 않죠.

그래서 오늘은 어떻게 하면 체계적이고 창조적인 생각을 할 수 있고 이를 통해 문제를 해결해 나갈 수 있는지 살펴보는 시간을 가지려고 합니다. 또 창조적이고 혁신적인 미래형 대학으로 꼽히는 미네르바 스쿨의 창업자 벤 넬슨을 만나 인터뷰했어요. 서둘러 출발할게요.

# 탁월한 생각은
# 어떻게 만들어지는가

창조적이면서도 체계적으로 사고하기는 매우 어렵습니다. 얼마 전 팀 허슨의 《탁월한 생각은 어떻게 만들어지는가》를 읽고 무릎을 쳤어요. 그리고 나서 독자들을 위해 빼곡히 메모를 해두었는데요, 시작에 앞서 우선 우화 한 토막부터 들려드릴게요.

미국 항공우주국(NASA)이 무중력 상태에서는 펜이 제대로 나오지 않는다는 사실을 알게 되었습니다. 무중력 상태에서 펜을 사용한다는 것은 펜을 위로 향하고 종이에 글을 쓰는 것과 비슷합니다. 잉크가 중력의 힘으로 내려오지 않으니까요. NASA는 이 문제를 해결하고자 기계학, 화학, 유체역학 등 엔지니어로 구성된 팀을 꾸렸어요. 그리고 수백만 달러에 달하는 연구비를 투입해 마침내 스페이스 펜(space pen)이라는 첨단 제품을 만들었어요. 물 속에서도 필기가 가능했습니다. 그리고 이렇게 말했겠죠.

"이걸로 미국은 소련의 기술을 크게 앞질렀어!"

하지만 소련 팀은 전혀 다른 해법으로 해결했습니다. 우주인한테 볼펜 대신 연필을 지급한 것이죠. 미국은 '어떻게 하면 무중력 상태에서 쓸 수 있는 펜을 만들 수 있을까'만 생각한 데 반해 소련은 '어떻게 하면 무중력 상태에서 글씨를 쓸 수 있을까'를 생각한 것이 차이점이었어요. (사실, NASA에 직접 찾아보니 해당 내용은 실화가 아닌 '도시 전설'입니다.)

생각은 종합적이고 입체적인 것이 중요합니다. 예를 들어볼게요. 영국 빅토리아 시대에 매우 인기 있는 장난감이 있었습니다. 바로 회전 그림판인 너마트로프였어요. 종이 양면에 다른 그림을 그려요. 한 면에는 새, 반대 면에는 새장을 생각해 봐요. 접시를 잡고 빠르게 돌리면 두 이미지가 합쳐집니다. 실제로 새장에 새는 없지만, 눈에는 진짜 새가 있는 것처럼 보여요.

막스 베르트하이머는 1910년 무릎을 쳤어요. "생각을 하려면 문제를 구성 요소의 합이 아닌 전체로 보아야 한다!" 그는 모든 생각을 두 종류로 나눴어요. 알려진 것을 기반으로 해결하는 재생적 사고, 그리고 새로운 발상으로 해결하는 생산적 사고입니다.

대표적인 사례는 리드 헤이스팅스가 설립한 넷플릭스죠. 넷플릭스는 1999년 DVD 배송 서비스를 했었는데요. 영화 DVD가 아닌, 영화를 볼 수 있는 자격 자체를 빌려줬어요. 구독을 하면 DVD를 보내주고 다시 반납하면 고객이 미리 선택한 다른 DVD를 보내는 방식이었어요. 이걸 클라우드로 옮긴 것이 오늘날 넷플릭스였습니다. 그 이후는 아시죠?

팀 허슨은 말합니다. 생산적 생각이란 다음과 같은 것들이 다르다고 합니다.

# 자유분방한 분위기의
# 중요성

브레인스토밍을 우리말로 하면 두뇌 폭풍(Brain+Storm)인데요. 어떤 질 높은 생각을 하는 것이 아니라, 엄청나게 많은 생각들을 쏟아내, 생각의 외연을 확대하는 방법이에요. 팀 허슨은 이러한 창조적이고 체계적인 생각을 '씽킹 업'(thinking up)이라고 불렀습니다. 우선 씽킹 업을 위해서는 비판적 사고를 일단 보류하는 것이 중요하다고 해요. 비판적 사고만 난무하면, 결국 '사장님 생각 알아맞히기'로 끝나버리니까요.

그래서 아이디어 평가는 다음 단계로 넘깁니다. 중요한 것은 '자유분방함'을 언제나 환영하는 자세입니다. 또 더 좋은 것은 생각 끝 잇기입니다. 참석자가 자기 아이디어를 내놓으면서 남의 아이디어를 더 나은 아이디어로 전환하거나 조합을 하는 방법이죠. 우리는 좋다 싫다 이분법을 갖고 있지만, 좋은 아이디어는 항상 '어쩌면'이라는 호기심으로 가득 차 있습니다.

팀 허슨은 전화 회사를 실제 사례로 들었어요. 스마트폰 아니고요. 이동통신사 아닙니다. 유선 전화사입니다. 이 회사는 몇 가지 문제가 있었어요. 통화 요금을 올리고 싶었지만 전화 요금이 대다수 무료였죠. 그래서 요금 인상이 힘들었습니다. 또 요금을 올리면 고객을 빼앗길 수 있었고요. 넘쳐나는 공중전화에서 공짜로 전화하는 것도 문제였고요. 비용 절감이 큰 숙제였습니다. 그래서 팀원들끼리 모여 이런 회의를 했다고 해요.

처음 5분만 무료 통화를 주자! 이후 비용을 부과하고!
공중전화 부스로 걸려 오는 통화는 무료, 발신 통화에는 요금을 부과하자!
몇 분이 지나면 정중하게 통화 시간이 얼마나 됐는지 알려주는 식이면?

씽킹 업은 망상도 대환영입니다. 그래야 사고의 폭이 넓어질 수 있거든요. 그래서 이런 회의가 이어졌대요.

공중전화 부스를 비좁게 만들어서 못 들어가게 하면?
통풍구를 막아버려서, 숨을 못 쉬게 하면 어떨까?
그러지 말고 부스에서 고약한 냄새를 풍기는 거야.

이때 누가 이렇게 외쳤습니다.

수화기를 무겁게 하면 어때?

수많은 아이디어가 쏟아졌고 이 회사는 마침내 일부 공중전화에 있는 수화기를 무거운 것으로 교체해 테스트해 보았다고 합니다. 그 결과 통화 시간이 감소했고 더 많은 고객들이 공중전화를 쓸 수가 있었대요. 물론 무거워졌으니 욕은 먹었겠죠?

# 생각은 재능이 아니라 기술이다.
# 생각 실현 6단계 법칙

생산적 사고를 하는데도 절차가 있습니다. 짧고 굵게 살펴볼게요.

1단계 "문제를 파악해라." 무슨 일이 일어나고 있는지 현실부터 파악해야 합니다. 특히 현재 벌어지고 있는 일들이 어떤 영향을 미치고 있는지 알아야 합니다. 그리고 우리가 알고 있는 정보가 무엇인지 거듭 확인합니다. 그리고 관련 일에 누가 연관돼 있는지 점검합니다.

2단계 "해결과 성공에 대해 정의하기." 아이디어를 내기 이전에 목표를 설정해야 합니다. 무엇이 성공인지, 그리고 무엇이 해결인지 정의가 분명해야지만 해법을 도출할 수 있습니다.

3단계 "질문 던지는 방법을 만들기." 목표가 정해졌으면 어떤 질문을 할지 리스트업을 합니다. 고객이 이탈하는 것을 방지하는 것을 성공으로 정의했다면 "3개월 이내에 이탈 인원을 1% 미만으로 줄일 수 있는가"와 같은 구체적인 질문이 있어야 합니다.

4단계 "답변해 보세요." 답변에는 제약이 없어야 합니다. 아이디어를 차단하면 생각의 폭이 넓어질 수 없습니다. 누군가 특히 윗사람들이 아이디어 단계에서 효율을 위해 가차 없이 비판하면 결론은 '사장님 생각 알아맞히기'로 끝이 납니다.

5단계 "해결 방안 좁히기." 비판적 사고는 아이디어 회의가 끝나고 작동해야 합니다. 예산에 제약은 없는지, 고객에 미치는 영향이 큰시 등 해법을 좁히는 과정을 합니다. 그리고 해법을 매우 세부적으로 적어봅니다.

6단계 "자원 할당하기." 해법이 정해졌으면, 해법에 필요한 활동은 무엇인지 동원할 수 있는 예산 등 자원은 무엇인지 확인해봅니다.


## 벤 넬슨 인터뷰:
## 미네르바의 생각 훈련

얼마 전 미네르바 대학의 벤 넬슨(Ben Nelson) 설립자를 샌프란시스코에서 만나고 왔는데요, 울림이 컸습니다. 미네르바 대학은 주요 대학을 평가하는 'WURI'에서 가장 혁신적인 대학으로 꼽힌 바 있습니다. 또한, 미국 대입에 흔히 쓰이는 표준화 점수, 추천서, 편지 등을 받지 않고 대신 인터뷰와 서류 심사로 합격을 가립니다.

매년 약 2만 명이 응시해, 200명을 선발하니 1% 남짓 합격합니다. 일부 대학생들은 다른 명문대를 붙어도 포기하고 미네르바를 선택하기도 하고요. 다양한 경험과 토론식 수업이 매력이라고 해요. 입학 후 샌프란시스코에서 1년을 보낸 후 서울, 베를린, 부에노스아이레스, 런던, 타이베이 등에서 체류하면서 글로벌 경험을 쌓습니다. 하지만 놀라웠던 것은 미네르바에서 졸업을 못하는 학생 비중이 10~20%에 달한다는 것이었어요. 미네르바의 벤 넬슨 설립자는 이를 두고 "타협하지 않았기 때문"이라고 강조합니다.

**Q. 창조적 인재가 부족하다고 하는데 이유가 무엇일까요?**

의사결정을 하는 사람들 대다수가 대학을 졸업했어요. 하지만 체계적으로 사고하는 방식을 배우지 못했죠. 사람들에게 가장 필요한 것은 체계적으로 사고하는 훈련과 이를 토대로 어려운 결정을 내릴 수 있는 지혜이고요.

**Q. 대학이 잘못한 것일까요?**

대학들이 학생들의 취업 문제를 해결하고자 기업에 찾아가 커리큘럼을 어떻게 짤지 물어보는 상황이죠. 하지만 기업이 원하는 인재는 무엇인가에 닥치면 빠르게 배워 해낼 수 있는 인재인데, 대학에서 이러한 훈련을 하지 않아요.

Q. 미네르바는 무엇이 다른가요?

미네르바 커리큘럼은 매우 어려워 졸업을 못 하는 비율이 매년 10~20%에 달해요. 하지만 우리는 최고의 교육을 위해 결코 타협하지 않는다고 자신할 수 있어요.

Q. 타협이요?

학생들 졸업시키려고 학점도 적당히 주고, 수업이 급급해 암기 위주로 가르치는데 이게 결국 타협이죠. 우리는 교수를 채용하는 데도 정말 엄격한 조건을 들이밉니다. 저희는 '포럼'이라는 화상 도구를 활용해 평가하는데 알고리즘이 자동으로 토론 참여를 측정해요. 단순 암기만으로는 수업을 따라올 수 없어요. 미네르바의 궁극적인 목적은 대학생들이 체계적으로 사고하고 지혜를 익힐 수 있도록 하는 것인데요. 이를 통해 이들이 세상에 나아가 보다 지혜로운 결정을 내릴 수 있도록 하고 싶어요.

Q. 왜 대학을 설립했나요? (벤 넬슨 CEO는 펜실베이니아대학 와튼 스쿨을 졸업하고 웹 기반 사진 공유 스타트업인 스냅피시의 CEO를 맡은 뒤 미네르바를 설립했어요.)

미네르바에 대한 구상은 25년 전에 제출한 대학 논문에 이미 있었어요. 사실 그렇잖아요. 산업계는 각 분야가 혁신하는데 전 세계 대학들은 수백 년간 그대로니까요. 교육계도 산업계처럼 혁신해 보고 싶었습니다.

사실 학교에서 94점을 맞거나 87점을 맞아도, 대학을 졸업하면 차이가 없어요. 또 졸업 점수를 기억하는 사람도 없죠. 미네르바는 맥락을 이해하고, 아이디어를 내고, 새롭게 적용하는 방식을 사용할 수 있도록 가르칩니다.

벤 넬슨 창업자는 교육계의 테슬라 같은 혁신적인 대학을 만드는 것이 목적이라고 했어요. 그래서, 실리콘밸리 샌프란시스코에 본사를 두었다고 합니다. 미네르바가 타협하지 않는다는 것은 바로 교육의 질이었는데요. 교육에서 중요한 것은 지식의 깊이가 아니라, 이를 적용하고 응용할 수 있는 생각 훈련이라고 했습니다.

재태크

# 직장인의
# 경제 감각
# 만드는 법

# 재테크의 출발은
# 이자와 금리 이해하기

"이자는 '돈의 시간 가치',
간단히 말해 '시간의 가격'이다."

– 에드워드 챈슬러(Edward Chancellor) –

재테크에서 가장 기본적으로 갖춰야 할 지식은 무엇일까요? 아마도 많은 사람들이 '금리'를 꼽을 것 같습니다. 지금도 주식투자를 할 때 사람들이 가장 많이 지켜보는 것은 미국 연준에서 결정하는 미국의 '기준금리'죠. 미국의 기준금리는 전 세계의 자산에 영향을 미치는 가장 영향력이 큰 '숫자'입니다. 더 나아가서 한국 사람들에게는 한국은행이 정하는 '기준금리'도 큰 영향을 미칩니다. 부동산 투자가 한국은행의 금리와 밀접합니다.

오늘은 '이자(interest)'와 '이자율, 금리(interest rates)'를 주제로 다뤄보려고 합니다. 이자란 돈을 빌렸을 때 우리가 원금과는 별도로 갚아야 하는 돈이고, 금리는 이 돈의 크기를 정하는 기준이죠. 참고로 금리는 인플레이션이 반영된 '실질금리'와 이를 반영하지 않는 '명목금리'를 구분하는 것도 중요한데요. 여기서는 두 가지를 굳이 명확히 구분하지 않고 이야기를 풀어 보겠습니다.

## 화폐가 없어도
## 이자는 있었다

최근 에드워드 챈슬러라는 작가의 《Price of Time : The Real Story of Interest》라는 책을 읽고 있습니다. 한국어판의 이름은 《금리의 역습》인데요. 이자와 금리에 대한 재미있는 이야기를 담고 있어요.

이자에 대한 흥미로운 사실이 있습니다. 기원전 3,000년 전 메소포타미아 문명에도 이미 이자와 이자율은 존재했습니다. 화폐라는 것이 생겨나기 전부터 이자는 있었다는 건데요. 서양에서 사용하는 이자(interest)와 자본(capital)이라는 단어의 어원이 모두 가축(livestock)과 관련이 있었다고 해요. 가축이 새끼를 낳는다(reproduction)는 점에서 자연스럽게 인류는 이자라는 개념을 생각했던 것 같다고 챈슬러는 설명합니다.

인류 역사에서 가장 오래된 법률이라고 하는 함무라비법전에는 높은 이자율을 규제하는 내용이 들어 있었어요.

하지만 자본주의 시대가 열리기 전까지만 해도 이자는 온갖 '악'의 원흉으로 꼽혔습니다. 그리스의 철학자 아리스토텔레스는 '이자'란 공정하지 못하다고 말하기도 했습니다. 기독교와 이슬람 문명 모두에서 고리대금은 죄악시되었습니다. 그래서 고리대금업은 유대인들이 주로 하던 사업이기도 했습니다.

이러한 시각의 바탕에 깔려 있는 것은 이자(높은 금리)는 악한 것이며, 채권자(돈을 빌려준 자)보다 채무자(돈을 빌린 자)가 약자라는 생각이었습니다. 실제로 역사를 살펴보면 돈을 갚지 못한 사람은 노예의 신분으로 몰락했습니다.

하지만 금융이 발달하고 자본주의가 성장하면서 사람들은 이자에 대해서 좀 더 잘 이해하게 되었습니다. 이자와 금리라는 것이 자본주의 움직이는 중요한 요소라는 걸 알게 된 것이죠. 우리는 돈을 빌리면 그 사용료를 내는 것이 당연하다고 생각할 정도. 그런 점에서 요즘 유행하는 단어인 '돈 복사'가 '이자'와 비슷한 것 같다는 생각이 들어요. 가만히 있어도 돈은 복사됩니다. 마치, 가축이 스스로 새끼를 치는 것처럼요.

왜 이자는 생기는 걸까요? 그리고 돈값이 뛰면, 우리에게는 어떤 일이 생기는 걸까요?《시간의 가치》에서는 금리의 원리 세 가지를 말하고 있습니다. 금리의 원리를 알아보겠습니다.


## 금리의 원리 첫째,
## 시간의 가치를 숫자로 표현하기


혹시 금융(재무) 수업을 들어본 분이라면 한 번쯤 들어보았을 것 같은데요. 바로 금리의 '시간 선호(Time Preference)' 이론입니다. 금리란 사람의 현재와 미래 사이의 선호 정도를 보여준다는 것입니다. 현재의 돈을 사용하느냐, 아니면 소유를 미루고 이걸 다른 사람에게 빌려주고 미래에 사용하느냐가 금리로 나타난다는 것입니다.

시간 선호를 보여주는 대표적인 것이 어린이를 대상으로 하는 '마시멜로 실험'이에요. 지금 마시멜로를 먹지 않으면, 미래에 더 많은 마시멜로를 먹을 수 있을 때, 아이가 지금 마시멜로 먹는 것을 참을 수 있는지에 대한 실험이죠. 아무리 마시멜로를 더 준다고 해도 당장 눈앞의 마시멜로를 먹는 것을 아이가 선택한다면, 이 아이에게는 현재의 가치가 미래에 비해 매우 높다고 볼 수 있습니다.

금리는 '미래의 가치를 현재로 환산하는 값' 즉, 할인율(discount rate)과 동일한 개념으로 쓰이는 경우가 많은데요. 금리가 현재의 소비를 자제하고 미래의 소비를 선택했을 때 받게 되는 보너스라고 설명할 수 있는데요. 반대로 할인율은 미래의 소비를 현재로 당겼을 때, 얼마만큼 미래의 소비에서 포기할 수 있는지를 보여줍니다. 현재를 매우 중요하게 생각하는 아이라면 "마시멜로 2개 내일 받을래? 오늘 1개 받을래?"라고 했을 때, 오늘 1개를 선택할 겁니다. 그렇다면? 이 경우 할인율은 50%가 됩니다.

그런데 만약 이 금리가 누군가에 의해 갑자기 변동된다면 어떻게 될까요? 지금 연준이 기준금리를 올리는 것처럼 갑자기 시장에서 통용되는 금리가 올라가게 된다면? 아리송하죠? 금리를 가축에 비교해서 한번 설명해 보겠습니다.

제가 양 한 마리를 가지고 있습니다. 어떤 사람이 이걸 빌려달라고 합니다. 보통 1년이 지나면 양 한 마리는 번식을 통해 두 마리(어미+새끼)가 됩니다. 어미는 원금, 새끼는 이자죠. 금리는 100%, 2배입니다.

그런데 갑자기 양의 신이 나타나 앞으로 모든 양은 1년이 지나면 번식을 통해 두 마리를 낳는다고 축복을 내렸습니다. 원금은 한 마리인데 이자가 두 마리가 됩니다. 금리는 200%가 되었습니다.

그렇다면 금리가 100%일 때와 200%일 때, 현재 내가 양을 한 마리 가지고 있는 것의 가치는 어떻게 변할까요?

금리가 100%일 때, '현재 한 마리의 양=미래 두 마리의 양'이었습니다. 그런데 200%일 때, '현재 한 마리의 양=미래 세 마리의 양'이 됩니다.

즉, 시장금리가 오르면 현재의 자산가치가 올라가고 상대적으로 미래의 자산가치가 떨어지게 됩니다. 높은 금리는 현재에 높은 가치를 부여하는 것이라는 설명과도 부합합니다.

이런 금리의 변동은 채권투자에도 중요한 개념인데요. 시장금리가 오르면 채권의 가격은 내려가고, 시장금리가 내리면 채권의 가격은 올라갑니다. 왜냐면 채권은 정해진 시점까지 정해진 금액을 받는 상품이거든요. 금리가 오르면 미래의 가치가 떨어지니 채권의 가치도 떨어지죠.

이런 시간 선호의 개념은 투자 측면에서도 아주 중요한데요.

주식처럼 미래의 가치가 중요한 자산은 금리가 오르면 가격이 내려가게 됩니다. 금리라는 할인율이 오르면서 현재의 가치(=현금)로 환산한 미래의 가치가 하락하기 때문입니다. 그렇기 때문에 미래의 가치를 높이기 위해서는 주식이 더 높은 수익률을 보장해 줘야 합니다.

이건 우리가 은행에 예금을 맡기는 것만 생각해 봐도 알 수 있는데요. 은행 금리가 연 1%일 때와 연 3%가 되었을 때의, 주식투자에 기대하는 수익률은 당연히 차이가 날 수밖에 없습니다. 연 3%일 때는 훨씬 높은 투자수익률을 기대하게 되거든요. 성장성이 중요한 테크기업이나, 비상장 스타트업들의 가치가 금리 인상에 취약한 이유이기도 합니다.

## 금리의 원리 둘째,
## 사회의 생산성과 안정성을 반영하기

역사적인 금리의 변동을 보면 국가가 안정적이고 생산성이 높아지면 금리가 낮아지는 경향이 보입니다. 이건 앞서 '시간 선호' 이론과도 연결되는 부분이 있는데요. 미래가 불안하고, 경제가 변동성이 크면 사람들은 당장 현재를 선호하게 됩니다. 현재를 선호하면 금리가 오르죠. 그래서 금융시장이 효율적으로 돌아가고, 기축통화를 갖고 있는 나라일수록 금리가 낮아지게 됩니다. 역사적으로 네덜란드, 영국, 지금의 미국이 발전된 경제로 인해 이렇게 상대적으로 금리가 낮은 국가였습니다.

금리가 낮으면 사업을 하는 데 드는 비용이 낮아지면서 다양한 혁신이 등장하게 됩니다. 혁신적인 기술은 국가의 생산성을 높이고 다시 금리를 낮춥니다. 금리가 낮으면 기업에게 유리하고 창업자에게 우호적이기 때문에 이는 선순환으로 나타나게 됩니다.


## 금리의 원리 셋째,
## 중앙은행이 결정하는 방식

기존에는 자연스럽게 시장에서 결정되던 금리는 중앙은행 제도가 생겨나면서 국가의 영향력이 매우 커집니다. 1번과 2번이 사람의 심리나 시장이 금리를 결정한다고 보는 것이라면, 3번은 권력을 갖고 있는 기관이 금리를 결정한다는 생각이죠. 미국은 중앙은행인 연방준비제도가 만들어진 것이 1913년이라서 비교적 최근인데요. 이런 중앙은행제도가 생긴 지 얼마 되지 않았음에도 불구하고, 지금 전 세계의 금리는 '기축통화'를 가진 나라에서 결정하고 있습니다. 바로 달러를 발권할 수 있는 미국의 중앙은행인 연준이 바로 그곳이죠. 이 연준의 움직임에 따라 전 세계 국가의 중앙은행들도 금리를 움직이고 있죠.

## 40년 금리의 역사

전 세계 금리의 흐름은 미국 연준이 1980년대 높은 인플레이션을 고금리로 때려잡은 후, 금리는 계속 하락하는 방향으로 움직였습니다. 그 사이에 냉전이 붕괴되면서 세계화가 가속되었고요. 중국은 세계의 공장이 되어 전 세계에 싼 가격의 공산품을 수출했습니다. 에너지 가격은 다소 변동이 있었지만, 안정적인 편이었고 기술의 발전은 생산성을 높였기 때문에 금리는 점차 낮아졌습니다.

그런데 2007년의 글로벌 금융위기는 이런 금리 하락기를 넘어서 연준이 기준금리를 제로(0) 수준까지 낮추는 초유의 상황을 만들었어요.

이 제로금리는 2009년부터 2015년까지 약 6년간 유지됐다가 약 3년간에 걸쳐 2.5%까지 올랐습니다. 너무 초저금리가 오래 유지되면서 이걸 되돌려야 한다는 얘기가 나왔거든요. 하지만 2020년 코로나19가 대유행하면서 다시 제로로 떨어졌습니다. 금리를 다시 올리기 시작한 것은 2022년 들어서부터니까 초저금리의 시대가 약 13년간이나 유지된 거죠. 이 정도 수준의 초저금리가 오랜 기간 유지된 것은 인류역사상 처음이었습니다. 이 시기는 주식과 부동산, 채권 등 모든 자산에 극심한 버블을 만들었다는 점에서 "모든 것이 버블(Everything Bubble)"이었던 시대라고 할 수 있습니다.

물론 이런 버블의 시기는 연준이 2022년 3월부터 2023년 7월까지 기준금리를 5.25%포인트나 올려버리면서(2024년 6월 현재 5.5%), 끝나고 말았습니다. 미국 기준으로 봤을 때 지금의 기준금리는 2000년대 초반 수준입니다.

《시간의 가치》의 저자 에드워드 챈슬러는 이 같은 초저금리를 인위적으로 유지한 것을 비판해요. 그가 비판하는 포인트는 두 가지인데요. 하나는 정책을 만드는 사람들(정치인과 관료들)의 생각과는 반대로 저금리가 '불평등'을 강화한다는 점 때문입니다. 고금리가 가난한 사람들을 힘들게 한다는 생각과 달리 초저금리는 부자들이 가지고 있는 자산 가격을 부풀립니다. 또, 정보를 갖춘 부자들은 저금리로 돈을 빌린 후 수익률 높은 투자를 무위험으로 할 수 있었죠. 하지만 '월급'이라는 푼돈에 의존하는 가난한 사람들은 자산도 갖고 있지 않고 투자 지식도 없기 때문에 더 가난해졌다는 겁니다. 노동자와 젊은 세대의 근로의욕을 떨어뜨리는 것이 저금리 시대의 또 다른 문제점이라고 그는 지적합니다.

두 번째는 저금리가 자본주의 세상의 중요한 원리인 '자원배분'을 왜곡한다는 것입니다. 금리란 위험한 투자에 높게 적용되고 안전한 투자에 낮게 적용되는 것이 정상인데 전체적으로 금리가 낮다 보니 위험한 투자에 돈이 흘러가게 됐다는 것입니다. 그래서 정상적인 상황에서는 망했어야 하는 '좀비기업'도 투자를 받고 생존하게 만들었다고 설명하고 있어요.

이 책에서 설명해주는 금리의 원리에서 우리가 기억해야 할 것을 요약해드리겠습니다.

첫 째, 바로 금리는 시간에 대한 선호라는 것이죠. 현재에 가치를 두는 사람들에게는 금리가 높고, 미래에 가치를 두는 사람에게는 금리가 낮다는 것.
둘째, 금리가 올라가면 현재의 가치가 오르고 미래의 가치가 떨어집니다. 미래의 가치가 중요한 채권, 주식의 가치가 떨어지는 이유입니다.
셋째, 미국은 1980년대부터 2009년까지 약 30년 간의 금리 하락기와 그 이후 2022년까지 13년 간의 제로금리 시기를 겪었다는 것이에요. 43년 간의 유동성 확대 시기를 거쳐 지금은 2000년대 수준으로 금리가 돌아왔습니다.

창업자(Entrepreneur)라는 사람들은 기이한 선호도를 가진 사람들입니다. 보통 사람들은 리스크를 회피합니다. 하지만 창업자들은 리스크를 선호하죠. 리스크가 클수록 만들어 낼 수 있는 변화도 보상도 크기 때문입니다. 그들은 미래보다는 극단적으로 현재를 선호합니다. 느긋하게 변화가 오실 기다리기보다는 지금 당장 변화를 만들기를 원합니다. 그러면서도 그에 따른 보상은 한없이 미래로 미룹니다. 인간의 본성과 반대로 움직이는 사람들이 창업자입니다.

그건 벤처캐피탈도 마찬가지입니다. 벤처캐피탈은 금융의 본성과는 반대로 투자하는 사람들이죠. 보통의 금융회사들이 변동성을 줄이고 리스크를 낮추기를 원한다면, 벤처캐피털은 예외적이고 극단적(outlier)인 결과를 일부러 찾아다닙니다. 하지만 인간의 본성, 금융의 본성과 반대되는 '실리콘밸리'의 시스템은 인류가 만들어낸 가장 '뛰어난 혁신 기계'입니다. 고금리는 테크기업과 스타트업들에게 큰 타격을 주겠지만 그들이 만들어내는 혁신에는 영향을 주지 못할 것 같습니다. 미라클레터는 오늘도 혁신가들을 응원합니다.

# 돈이 늘어나는 다섯 가지 원칙

"경제적 안정은 직업에서 오지 않습니다.
생각하고, 배우고, 창조하고, 적응하는, 스스로 생산할 수 있는 힘에 있습니다.
그것이 바로 진정한 재정적 독립입니다.
부를 소유하는 것이 아니라, 부를 생산할 수 있는 힘을 갖는 것이
진정한 재정적 독립입니다."

– 스티븐 코비(Stephen Covey) –

최근 많은 사람들이 빅테크에 관심을 두고 주식을 삽니다. 결국 이유는 한 가지인 것 같아요. 그것은 바로 "더 많은 돈을 벌고 싶다!"입니다. 하지만 곰곰이 생각해 보세요. 돈은 궁극적인 목표가 절대 될 수 없어요. 죽을 때 돈을 옆에 쌓아 놓는 것이 삶의 목표인 사람은 없기 때문입니다.

즉, 돈을 벌고 싶다는 목표는 "노후를 편하게 보내고 싶다, 아이를 좋은 대학에 보내고 싶다, 더 큰 집에서 가족들과 행복하게 살고

싶다"와 같은 수단적 목표입니다. 미라클레터에 소개하는 기업을 보고 주식을 사서, 수익을 냈다고 피드백을 주시는 분도 있는데요.

이들의 진짜 목표는 '더 큰 성장'이 아닐까 합니다. 그래서 오늘은 종목 추천이나 테크 트렌드가 아닌, 큰 목표를 위해 어떻게 돈을 모을 수 있을지, 그 몇 가지 원칙에 대해 짧고 굵게 말씀을 드릴까합니다

"잃지 않으면 된다!"

많은 부자들은 이렇게 말을 합니다. "돈을 모으고 싶다고요? 알려 드리겠습니다. 절대로 잃지 않으면 됩니다." 너무 간단하다고요?

## 첫째 원칙:
## 잃지 않는다

주식 시장에는 '존버'(끝까지 버틴다)는 승리한다! 이런 말이 있는데요. 상당히 틀린 격언입니다. 예를 들어 볼게요. 만약 월급을 모아 1,000만 원을 한 주식에 투자했는데, 만약 50% 손실을 본 뒤 다시 50% 회복이 되면 어떨까요.

정답: 1,000만 원 X 50% = 500만 원, 500만 원 X 150% = 750만 원

네 맞습니다. 결국 25% 손실을 입게 됩니다. 만약에 50% 손실한 주식이 원금으로 회복하려면 100% 회복을 해야 합니다. 버티면 다시 회복할 수 있겠지만, 그사이에 수많은 훌륭한 투자 기회를 상실하게 됩니다. 그래서 수많은 투자의 구루들은 항상 이런 이야기를 반복해서 합니다.

"첫째 돈을 잃지 마라, 둘째 첫 번째 규칙을 잊지 마라."　　　- 워런 버핏 -
"공격보다 수비가 10배 이상 중요하다."　　　　　　　　　-폴 튜더 존스 -


## 둘째 원칙:
## 고수익-저위험을 찾는다

돈을 잃지 않으려면 고수익-저위험 종목을 찾아야 합니다. 그런게 어디 있냐고요? 틀린 말이라고요? 아닙니다. 헤지펀드인 튜더 인베스트먼트를 창업한 폴 튜더 존스는 늘 5대 1의 공식을 유지한다고 합니다.

예를 들어, 승률이 5분의 1이고, 보상은 5배인 게임이 있다고 해 볼게요. 만약에 수중에 돈이 500만 원이라고 한다면, 100만 원씩 다섯 번 게임을 할 수 있죠? 정말 운이 안 좋아 4번, 즉 400만 원은 날리더라도 마지막 100만 원은 5배, 즉 500만 원이 됩니다. 최소한 원금을 날리지 않는 것이죠. 실전 사례는 또 있습니다.

한국에서 '먹튀' 논란을 일으킨 아이칸 엔터프라이즈의 창업자 칼 아이칸을 기억하나요. 아이칸은 2006년에 KT&G 주식을 매집해 2대 주주에 올랐던 인물인데요. 그는 부동산 매각, 배당 확대, 상장, 자사주 매각 등을 끊임없이 요구했고, 불과 10개월 만에 주식을 전량 매도해 1,500억 원을 빌어들였습니다.

그는 한국뿐 아니라 미국에서도 우량하지만, 경영실적이 별로인 회사 주식을 매집해 경영 방침을 바꾸지 않으면 투자를 회수하겠다고 엄포를 놓는 방식으로 돈을 모았습니다. 일명 행동주의 펀드. 그는 이런 명언을 남겼습니다.

"겉으로 큰돈을 걸고 위험한 투자를 한 것처럼 보였나요. 전혀 그렇지 않습니다. 모든 비즈니스에는 위험과 보상이 따릅니다. 무슨 일을 하든, 보상과 위험을 철저히 따져야 합니다."

## 셋째 원칙:
## 복리의 마술을 일으켜라

재테크 책을 사면, 항상 복리 이야기가 빠지지 않는데요. 잠시 살펴보면 이렇습니다. 만약 연 4%를 주는 금융상품이 있다고 해볼게요. 100만 원을 10년간 넣어 두면 이렇습니다.

· **단리 이자**(Simple Interest): 원금에 대한 이자만 계산됩니다. 이자는 일정 기간 동안 원금에 대한 일정 비율의 금액입니다.

ex) 100만 원×4%×10년+100만 원=140만 원

· **복리 이자**(Compound Interest): 복리 이자는 단리와 달리 이자가 추가되는 각기 다른 시간에 대한 이자를 계산합니다.

ex) 100만 원×(1.04)10=148만 원

크게 차이가 나지 않는다고요? 그럴 수 있습니다. 사실 복리의 힘은 수익률과 시간에 비례합니다. 예를 들어, 1억 원을 각각 복리 이자가 2%, 5%, 7%, 10%, 20%인 금융상품에 10년씩 넣어둔다고 해볼게요.

2% 상품: 1억 2,189만 원

5% 상품: 1억 6,288만 원

7% 상품: 1억 9,671만 원

10% 상품: 2억 5,937만 원

20% 상품: 6억 1,917만 원

중요한 게 더 있습니다. 실질 수익률입니다. 명목 수익률에서 세금과 수수료를 떼고 남은 실질 수익률이 얼마냐는 정말 큰 차이를 일으킵니다. 같은 4% 금융상품이더라도 한 상품은 세금과 수

수료가 2%이고, 다른 상품은 전혀 없다고 해 보겠습니다. 1억 원을 각각 상품에 50년 동안 예치할 경우, 4억 4,150만 원 차이가 납니다.

2% 이율로 복리 투자: 2억 6,915만 원
4% 이율로 복리 투자: 7억 1,066만 원

## 넷째 원칙:
## 사이클을 파악해 올라타라

여기서부터가 중요합니다. 이 내용은 편지를 통해 자주 강조한 내용이기도 합니다. 사이클을 이해하는 것입니다. 22년간 연평균 8.2% 수익률을 거둔 브리지워터의 올웨더 펀드를 만든 레이 달리오는 4계절 투자법을 통해 명성을 얻었습니다.

4계절 포트폴리오는 위기에서도 돈을 크게 잃지 않는 투자의 황금 비율을 뜻합니다. 달리오는 워런 버핏처럼 개별 종목에 집중하지 않고 글로벌 매크로 전략을 구사하는데요. 경기에 따라 전 세계 금리, 채권수익률, 채권가격, 주가지수, 환율, 중앙은행의 통화정책 등 복합적인 것들이 상호작용한다고 주장합니다. 사이클에 맞춰서 계란을 이 바구니에서 저 바구니로 옮겨 담는 것이죠.

달리오는 버핏과도 언쟁을 한 적이 있습니다. 버핏은 경제가 아무리 불황을 겪는다 하더라도 우량주나 성장주는 반드시 제 몫을 한다는 믿음을 갖고 금 같은 원자재 자산을 보유하는 것은 어리석은 짓이라고 지적했습니다. 하지만 달리오는 사이클이 장기불황기에 접어들면 반드시 안전자산의 수요가 올라가므로 금을 꼭 보유해야 한다는 주장을 펼쳤습니다. 그러면서 달리오는 버핏을 향해 "큰 실수를 하고 있다"고 꼬집은 적이 있습니다.

그가 이러한 믿음을 가진 배경은 인생에서 큰 고비를 몇 차례 넘겼기 때문인데요. 1974년 그는 증권업계에 일하면서 삼겹살(pork bellies) 선물거래에 큰 투자를 합니다. 하지만 삼겹살 선물값이 크게 하락했고 매우 큰 손실을 보았습니다. 헤어날 수 없는 손실은 1982년에 찾아왔습니다. 멕시코가 채무불이행을 선언하자 달리오는 미국이 위기에 빠질 것으로 전망했습니다.

그리고 숏포지션(예를 들어 공매도)으로 대응했습니다. 미국 은행들은 멕시코 등에 자기자본금의 250%씩 대출을 해주고 있으니 위기가 전이될 것으로 전망한 것이죠. 하지만 경제는 빠른 속도로 회복됐고 달리오는 모든 직원을 내보내고 자신도 길거리에 나앉을 상황에 몰렸습니다. 그는 당시 일을 자서전에 이렇게 적었습니다.


"절망적이었다. 심지어 생활비를 충당하기 위해 두 번째 차를 팔 때까지 아버지에게 4,000달러를 빌렸다."

"인생의 갈림길에 서게 됐다. 월스트리트에 다시 취직해야 하는 것일까? 나에게는 부양해야 할 가족, 아내와 어린 두 아들이 있었다. 인생의 전환점에 직면해 있었다."

그는 미래를 섣불리 통찰력이나 심미안으로 예단하는 것은 매우 잘못된 습관이란 것을 크게 깨닫습니다. 그러면서 새로운 투자 관리 방식을 정립하는데 이른바 알파 오버레이(Alpha overlay)입니다. 이런 식입니다.

무위험자산: ex) 현금

알파: 적극적 위험 노출 ex) 개별 종목

베타: 수동적 위험 노출 ex) 지수 추종

베타는 시장 평균 수익률을 추종하는 지수라고 보면 이해하기 쉽습니다. 반면 알파는 시장과 반대로 움직일 수도 있고 같이 움직일 수 있는 적극적 투자 행위에 해당합니다. 그는 실패 이후 투자 대상들을 매우 세밀하게 쪼갰고 매년 경제 사이클을 평가해 무위험자산, 알파자산, 베타자산 간 비중을 달리하는 전략을 구사했습니다.

한 개인 투자자가 그에게 알파 오버레이가 너무 어렵다면서 일반인들도 쉽게 따라하는 전략이 없냐고 물었는데, 달리오는 이런 예를 들기도 했습니다.

30%: S&P 500 지수와 같은 주식

15%: 미국 중기채(7~10년물)

40%: 미국 장기채(20~25년물)

5%: 금(인플레이션 헤지)

5%: 원자재(인플레이션 헤지)

위와 같은 바구니를 만들고 계란을 사이클(정보의 중요성)에 따라 옮겨 다니면서 수익을 극대화하고 손실을 최소화한 전략이 바로 4계절 투자 전략입니다.

## 다섯째 원칙:
## 자본주의는 선착순이다

자산의 관점에서 볼 때, 자본주의의 가장 큰 특징은 선착순 원칙이 지배한다는 점입니다. 1970년 개발 발표 직전 강남 땅값은 평당 4,500~6,000원이었습니다. 당시 40kg 쌀값이 2,880원이었는데요. 즉 40kg짜리 쌀 두 포대면 땅 한 평을 매입할 수 있었습니다. 쌀 200포대면? 이후 개발 소식과 입소문(선착순 효과)이 나면서 천정 부지 치솟기 시작합니다.

인정하기 힘들지만, 자본주의에서는 단순히 열심히 하는 노력만으로는 안 되는 것이 있습니다. 정보의 중요성, 그리고 조기 선택의 중요성은 말로 표현하기 힘듭니다. 물론 그 선택이 실패하면 그 책임은 온전히 자기 몫이 됩니다. 레이 달리오도 마찬가지였습니다.

정보 획득이라는 습관을 들이는데 신문만한 것이 없다고 확신합니다. 신문 기사는 숨이 턱 막힐 정도로 분량이 많은데요. 신문 1부의 내용만 책 1권 분량입니다. 또 인터넷 뉴스와 달리 재미가 없을 때가 많습니다. 그 이유는 기자 입장에서 온라인 기사의 KPI(성과지표)는 트래픽이지만, 신문 기사의 KPI는 영향력이기 때문에 신문은 그만큼 모든 소식을 담고 중요도에 따라 배치하려고 노력을 합니다.

신문은 보통 32면입니다. 1면부터 6면까지는 종합면이라고 해서 독자들이 반드시 읽어야 할 큰 소식을 담고요. 그다음 면부터는 신문 헤더(정치, 세계, 증권, 산업, 테크, 부동산, 오피니언 등)대로 뉴스가 배치됩니다.

또 한 면은 크게 메인(왼쪽 위), 사이드(오른쪽 위), 하단(아래)으로 구성이 되는데요. 메인 기사는 가장 중요한 소식인 스트레이트 뉴스가 차지합니다. 사이드는 그 다음으로 중요한 뉴스이고, 하단은 보통 이런 뉴스를 설명해주는 해설 기사가 들어갑니다.

읽는 방법은 이렇습니다.

1면부터 6면까지는 앞장부터, 그리고 왼쪽 위부터 읽습니다.

7면부터는 큰 제목(가장 중요한 내용)과 부제(보통 2~4줄로 기사의 내용을 압축한 제목)를 훑어가면서 읽습니다. 그러면서 만약 (1) 모두에게 중요할 것 같은 기사 (2) 나에게 중요할 것 같은 기사가 눈에 들어오면, 해당 내용을 정독합니다.


## 느린 생각을
## 반복 연습하자

신문을 보면서 느린 생각을 함께해야 진짜 공부가 됩니다. 기사를 읽고 "아 그렇구나!"(빠른 생각)보다는 "그 다음은 그래서 어떻게 될까?"(느린 생각)라는 생각을 하면서, 읽어야 경제 공부가 됩니다.

특히 경제 신문을 읽는다면 큰 뉴스는 빼놓지 않고 읽는 것이 좋습니다. 예를 들어 전쟁 변화는 물가에 영향을 줄 수 있습니다. 또 미국의 연방준비제도 금리 결정은 전 세계 자산 시장에 영향을 줍니다. 미국 대통령 선거 소식 역시 남의 나라 소식만은 아닙니다.

누가 되냐에 따라 글로벌 산업 정책이 달라지고 자산 시장이 큰 영향을 받기 때문입니다. 큰 뉴스들은 언제가 될지 모르지만, 개개인에 반드시 영향을 미칩니다.

어떤가요. 사실 돈에 대한 시선은 크게 엇갈리는 것 같아요. 누구나 돈이 중요한 것을 알고 모으고 싶어 하지만, 돈에 대한 이야기를 밖으로 꺼내면 경박해 보일까 함부로 내뱉기도 어려운 게 바로 돈이 아닐까 합니다.

그래서 그런지, 학교에서도 재테크에 대해 가르치지 않습니다.

미국 기업가인 짐 론(Jim Rohn)의 말로 마무리 합니다.

"정규 교육은 생계를 위한 것이지만, 독학은 재산 증식을 위한 것이다."

# 우리는 상품이 아닌
# 철학을 소비한다

"환경 평가 덕분에 우리 회사는 많은 것을 깨닫고 나서
어려운 결정을 내렸다. 우리가 선택한 일들을 행동으로 옮겨
지속가능성을 향해 나아가기로 한 것이다.
그렇다고 순교자가 된 것은 아니다.
옳은 일을 실행할 때마다 더 많은 이윤이 발생했다.
덕분에 오랫동안 계속 사업을 유지해나갈 수 있으리라는 확신을 얻었다."

– 이본 쉬나드(Yvon Chouinard) –

캘리포니아는 매우 독특한 곳입니다. 수많은 빅테크들이 첨단 기술을 개발하며 물질문명 세계를 이끌고 있습니다. 지난 1960년 대에는 '러브 & 피스' 정신이 꿈틀대며 보헤미안적인 삶을 추구하던 20~30대 히피들의 성지였습니다. 기성 질서에 온몸으로 맞서, 정신적 해방을 꿈꾸던 곳입니다.

이런 생각의 흐름이 오늘날 수많은 빅테크에 큰 영향을 줬습니다. 스티브 잡스는 히피 문화에 심취해 '올원팜'이라는 공동체에 몸

담으면서 사과 농사를 지었는데요. 훗날 사명을 애플이라고 지은 이유이기도 했습니다.

또 잡스가 말한 것으로 유명한 '늘 갈망하고, 우직하게 나아가라(Stay hungry, Stay foolish)'라는 명언 역시, 반문화 교본인 〈홀 어스 카탈로그〉(Whole Earth Catalog)에 나오는 유명한 슬로건입니다.

구글의 창업자인 래리 페이지와 세르게이 브린은 네바다 사막에서 펼쳐지는 자유와 각성을 위한 축제인 버닝맨의 예찬자입니다. 이들이 에릭 슈미트 전 회장을 픽업한 이유 역시 그가 버닝맨에 참여했기 때문이라는 일화가 있을 정도고요. PC나 브라우저와 같은 테크들이 이곳에서 용솟음칠 수 있었던 그 배경이 바로 여기에 있습니다.

돈에 대한 욕심이 아닙니다. 기성 질서에 대한 저항, 그리고 새로운 자유에 대한 동경이라는 철학이 혁신의 세계로 이끈 것이죠. 오늘날은 비트의 시대입니다. 인터넷이 범람하면서 더 이상 제품끼리 차별점을 찾는 것이 점점 어려워지고 있습니다. 초보 요리사도 인터넷에서 수많은 레시피들을 보면서 요리를 할 수 있고, 초보 판매자도 비슷비슷한 제품들을 인터넷에서 찾아 만들 수 있습니다. 그래서 비트의 시대에서 일류를 가르는 기준이 갈수록 그 기업의 철학이 되는 것 같습니다.

# 돈을 버릴수록
# 돈이 이어진다

1947년 캘리포니아 남부 버뱅크에 영어도 제대로 못하는 한 꼬마가 이사를 왔습니다. 영어를 못했기 때문에 홀로 놀았습니다. 혼자 7~8마일을 자전거를 타고 다니고, 버드나무 밑에 앉아 낚시를 즐기던 꼬마. 학교 따위는 모른 척했고 몇몇 아이들과 어울려 송골매를 잡으러 이산 저산을 뛰어다니기 일쑤였습니다. 그렇게 등반에 빠졌습니다. 그는 일 년 3분의 2를 야생에서 살았습니다. 오트밀, 감자, 캔 음식을 먹으며 하루 50센트로 살았고, 추운 겨울에는 대장장이로 일하면서 등산 장비를 만들었습니다.

"암벽과 빙벽을 오르는 것에는 아무런 경제적인 가치가 없다는 사실이 마음에 들었어요. 우리는 부모 세대의 소비주의 문화에 반기를 들었죠. 우리에게 사업가들은 '반칙왕'이었고, 기업은 모든 악의 근원이었습니다. 우리의 집은 자연이었고, 우리의 영웅은 존 뮤어(자연주의 작가), 헨리 데이비드 소로우(생태주의 철학자)였습니다." 그는 1968년 칠레 파타고니아 앞에 서 있었습니다. 목표는 화강암 벽을 오르는 새로운 루트를 개척하는 것!

샌프란시스코에서 작은 아웃도어 숍을 운영하는 친구 '더그'와 함께였습니다. 더그는 이렇게 외쳤습니다. '먼저 행동하고 그 다음에 생각하라'(나폴레옹의 명언) 당시 피츠로이 정상에 오른 인물은 단 두 명. 그 중 프랑스인 리오

넬 테레이는 이들 초보 파나고니아 등반객에게는 영웅이었습니다. 테레이는 정상에 서는 것보다 어떻게 정상에 오르는 지를 더 중시했습니다. "사실 정상에 도달하고 나면 아무것도 없다는 사실을 깨닫는다." 성인이 된 꼬마는 속으로 인생 최악의 시기라고 외쳤지만, 덕분에 역경을 견디는 법을 알았다며 최고의 시기였습니다.

- <파타고니아 이야기> 중

네 그렇습니다. 오늘날 아웃도어 브랜드의 최고봉이라고 불리는 파타고니아를 창업한 이본 쉬나드의 스토리인데요. 그는 기업을 운영하며 영리보다 철학을 더 중시한 인물입니다. 오늘날 매출 15억 달러(2조 1,495억 원) 규모 회사를 일군 이본 쉬나드는 파타고니아라는 위대한 빙벽을 오르고 난 뒤 그는 이렇게 외쳤습니다. "그 경험을 통해 찌질했던 우리는 예상 밖의 운명과 마주했다." 1970년대만 하더라도 직접 등반을 하면서 깨달은 것을 갖고 다양한 형태의 암벽 확보물인 피톤을 직접 제작해 팔던 이본 쉬나드. 이후 피톤이 암벽을 파괴할 수 있다는 이유로 피톤 제작을 중단했죠.

그리고 아내와 함께 파타고니아라는 자체 아웃도어 브랜드를 내놓습니다. 뉴욕의 한 패션모델이 파타고니아 폴리스 조끼를 입으면서 빅 히트를 칩니다. 하지만 뉴욕이 열광했던 이유는 그의 철학에 있었습니다.

"어리석어 보이는 위험한 행동을 일삼으면서 75년의 세월을 보내는 동안 여러 차례 죽음의 문턱에 서봤다. 그리고 언젠가는 죽게 될 것이라는 사실을 선선히 받아들이게 되었다. 죽는다는 사실에 크게 개의치 않는다. 모든 생명에는 시작과 끝이 있다. 인간이 기울이는 모든 노력에도 시작과 끝이 있기 마련이다. 모든 생물 종은 진화하고 사라진다. 제국은 번영을 구가하다가 무너져 흩어진다. 비즈니스도 성장하다가 망한다. 세상에 예외는 없다. 그것이 세상사의 이치라면 괴로울 것이 없다. 하지만 여섯 번째 대멸종을 목격하는 증인이 된다는 것은 받아들이기 힘들다."

그가 경영진을 이끌고 파나고니아를 등반하는 것은 유명한 일화입니다. 여정을 다녀온 뒤 회의를 열고 경영의 미션을 정했습니다. 목표는 네 개. 최고의 제품을 생산하고, 불필요한 피해를 유발하지 않으며, 기업을 환경 위기를 타개할 해결책을 구상하는 데 영감을 주고, 해결책을 실행하는 도구로 활용한다. 브랜드는 깔끔함, 과감한 색상, 가벼움, 기술, 겹쳐 입기 개념으로 정립해 갑니다.

당시에 ESG(환경 사회 거버넌스) 활동은 기업으로서는, 단순히 사회적 가욋일 같은 것이었지만, 파타고니아는 ESG를 위해 존재한다고 해도 과언이 아니었습니다.

· 토지와 강줄기를 살리고자 매출 1%를 기부.
· 유기농 목화, 천연 섬유로 만든 에코 컬렉션을 도입.

· 파타고니아 섬유의 60%를 버려진 PET 병에서 재활용.

· 파타고니아 프로비전이라는 회사를 만들어 굶주림 해결.

옷에는 곳곳에 환경 영향 표시가 붙어있죠. 플라스틱 물병 4.8
개를 재생하고, 일반 면에 비해 물 238리터를 절감했다는 표시 등
이 있습니다. 또 자신의 옷을 사지 밀라는 디마케팅으로도 유명합
니다. 가능하면 새 물건을 사서 쓰지 말고 재활용해 쓰자는 메시지
였습니다. 매장에는 무료 수선실을 두고 망가진 옷을 가져오면 무
료로 수선!

고가 제품인 파타고니아의 조끼는 월스트리트의 상징이었습니
다. 금융사들이 조끼를 구입해 직원들에 나눠줬죠. 하지만 파타고
니아는 회사들이 조끼를 구매하려면 환경에 도움이 되는 일을 하고
있음을 증명하라며 공급을 중단했습니다. 또 공원 구역을 줄이겠다
고 한 트럼프 대통령을 상대로 고소하고, 증오를 확대한다는 이유
에서 페이스북과 인스타그램 광고 중단을 선언하기도 했죠.


## 우리는 과정과 공감을
## 소비한다.

앞서 말씀 드렸지만, 우리는 결과물에 대한 차이점이 없어진 시

대에 살고 있습니다. 그래서 '아웃풋'이 아닌 '프로세스'가 더 중요해지고 있습니다. 고객들은 더 이상 제품 그 자체 보다는, 제품에 숨어져 있는 스토리와 공감력, 그리고 철학에 관심이 많습니다. 얼마 전 나온 오바라 가즈히로의 《프로세스 이코노미》를 잠시 소개하겠습니다.

인터넷의 범람으로 아웃풋을 두드러지게 만들기 어려운 시대가 됐습니다. 좋은 TV, 좋은 세탁기는 곳곳에 있고, 소비자들은 그 차이점을 몸으로 느끼기 어렵습니다. 즉 기업들이 이익을 내기 어려워 진 것이죠. 그래서 갈수록 결과도 결과지만 그 과정이 중요해지고 있습니다. 또 미국의 심리학자인 마틴 셀리그먼에 따르면, 행복의 5대 요소는 성취, 쾌락, 긍정적 관계, 의미, 몰입 등 5개로 구성돼 있는데요. 기성세대는 성취와 쾌락을 중시했다면 현재 세대는 의미와 몰입을 중시한다고 합니다.

프로세스 이코노미 시대에선 과정이 중요하기 때문에, 브랜드와 기업이 공감을 얻는 것이 무엇보다 중요합니다. 높은 목표를 위해 도전했다가 설령 실패하더라도, 그 과정 자체가 공감을 산다면 실패가 아닌 성공이 되는 시대입니다. 그래서 무엇보다 중요한 것은 진정성입니다. 진정성이 있는 목표와 과정이야말로 공감을 얻을 수 있는 힘입니다. 특히 오늘날 세대들은 수많은 인플루언서들을 마주하기 때문에 진정성 있는 콘텐츠를 쉽게 판별합니다.

그동안 브랜드는 딜리버리의 대상이었습니다. 우리 브랜드는

○○○이다라는 스스로의 목소리였습니다. 하지만 이제 브랜드는 스스로의 목소리가 아닙니다. 내가 그 브랜드를 소비하고, 다른 이들에게 전하고 싶은 것, 그것이 프로세스 이코노미 시대의 브랜드입니다. 공유와 공감이 없다면 브랜드가 살기 힘든 것이죠.

호모사피엔스의 두뇌는 Why에 의해 움직이게 설계돼 있습니다. Why로 그 이유를 먼저 제시하고 How로 방향을 설정히고 What으로 그 대상을 특정하라는 메시지입니다. 왜 우리 기업이 이 임무를 수행해야 하는지, 우리는 이를 위해 어떻게 갈 것인지, 어떤 고객들이 참여해야하는지 순입니다.


몇 가지 성공적인 마케팅이 있었습니다. 그것은 제품 자체에 대한 브랜드가 아닌 공감의 힘이었습니다.

하이네켄 하면 맥주를 마시면서 축구를 보는 그런 남성의 이미지가 떠오르는데요. (그건 대부분 남성들의 로망이겠죠…) 하이네켄은 이런 남성들을 겨냥해 공감을 이끌어내는 마케팅을 해 주목을 끌었습니다. 여자 친구는 남자친구에게 클래식 공연을 가자고 조르지만, 정작 자신은 맥주 마시면서 집에서 축구를 보고 싶어하는 남자 친구…. 하이네켄은 클래식 공연을 펼치는데 공연장에 맥주를 나눠주고, 스크린에 축구 결승전을 보여줍니다. 클래식을 들으면서 남성들이 원하는 맥주를 마시고 축구 결승전을 보는 그런 이벤트로 히트!

P&G의 여성용품 얼웨이즈(한국명 위스퍼) 브랜드는 'Like a girl' 이라는 마케팅으로 수많은 여성들의 공감을 얻었습니다. 사실 '여 성처럼'이라는 어감은 한계나 속박을 지니고 있죠. 여자처럼 활동 하라는 스테레오 타입이니까요. 얼웨이즈는 'like a girl'이라는 브 랜드 캠페인을 전개합니다. 에픽배틀이라고 표현하기도 했습니다. 해시태그가 거듭될수록 'like a girl'은 어느덧 소녀들의 자신감을 뜻하게 됩니다.

프로세스 이코노미 시대에서는 Why가 중요합니다. 왜 우리 기 업이 이 일을 하고 있는지 왜 고객들이 이 미션에 동참을 해야 하는 설득을 할 수 있는 기업들과 그렇지 않은 기업들이 앞으로는 큰 차 이를 보일 것 같습니다. 그만큼 공감과 과정의 투명성, 그리고 기업 의 미션이 중요해진 시대입니다.

## 고객의 경험이
## 모든 것이다

고객들은 한 기업을 접하면서 더 이상 제품만 갖고 평기하지 않 습니다. 오히려 중요한 것이 고객의 경험(UX)인데요. 오길비&매더 (Ogilvy & Mather)는 몇 년 전 360도 브랜딩 전략을 제시했었습니다. 그동안 기업들은 제품을 만들고, 광고나 뉴스를 통해 미디어에 노출을 시키는 방식으로 브랜드를 알렸죠. 또 SNS를 활용하기도 하고요.

하지만 360도 브랜딩 전략은 고객을 둘러싼 모든 접점에서 고객 만족도를 높이는 것을 추구합니다. 때문에 한 기업은 기업이 보내는 브랜드의 메시지를 매우 일관되고 반복 전달할 수 있을 정도로 원칙을 세워야 합니다. 이후 기업 그 스스로가 메시지가 되는 것이죠. 또 소비자들이 그 브랜드를 접할 수 있는 모든 접점들이 브랜드 채널이 됩니다.

예를 들어 친환경을 강조하는 브랜드라면, 제품의 원산지뿐 아니라 그 매장에 사용되는 자재 등 고객이 마주하는 모든 접점들이 브랜드 채널이 됩니다. 또 안전을 강조하는 브랜드라면, 배달 기사마저 브랜드 채널이 될 수 있습니다. 때문에 오늘날 기업에 있어서는 직원들에 대한 교육이 매우 중요합니다. 고객은 경험을 통해 그 브랜드를 판단하기 때문입니다.


어땠나요. 오늘날은 기업 철학의 시대이자 메시지의 시대인데요. 저 역시 개인적으로 아주 작은 실험을 하고 있습니다. 그것은 바로 360도 브랜딩입니다. 동일한 메시지를 갖고 미라클레터도 쓰고 유튜브도 하고 신문기사도 쓰고 온라인 뉴스도 쓰고, 또 회사 월간지에 기고도 하면서 독자들과 접점을 더 많이 늘려보려는 작은 테스트입니다. 온라인으로 기사 한 꼭지를 쓰는 것보다 더 많은 채널들을 통해 메시지를 내 보내면 더 많은 독자들이 알아주지 않을까 하는 생각이었습니다.

하지만 하다 보니 사실 힘에 많이 부치기도 합니다. 진정성을 갖고 접점을 늘린다는 행위는, 그만큼 모든 곳에 힘을 다 쏟아야 한다는 뜻인 것 같습니다. 그래서 누군가로부터 공감을 얻는다는 것은 그만큼 스스로를 되돌아보고 방향을 잡고 노력하지 않으면 이루기 어렵다는 것을 매일같이 깨닫고 있습니다. 제가 편지 말미에 드리는 '진심을 다합니다'라는 뜻은, 진정한 마음을 드린다는 뜻도 있지만, 스스로 있는 힘을 다하겠다는 다짐입니다. 오늘도 여러분의 하루를 응원합니다.

# 머스크와 애드콕의 창업 공통점

> "헌신적인 사람들이 모인 팀에서
> 함께 일하기로 마음먹었다면,
> 해낼 수 있는 것에 한계는 없습니다."
>
> – 브렛 애드콕(Brett Adcock) –

얼마 전 테크놀로지 업계에서 큰 소식이 있었는데요. 바로 오픈 AI, MS에 이어 아마존 창업자인 제프 베이조스, 엔비디아가 한 AI 로봇 기업에 통 큰 투자를 했다는 뉴스였습니다. 로봇은 성큼성큼 일상 속으로 들어오고 있어요. 특히 생성형 AI와 만나면서 모든 사물에 두뇌가 달리기 시작했고요. 그만큼 AI가 로봇에 파고들면 파고들수록, 육체노동을 대신할 로봇의 부상이 빨라질 것으로 보입니다.

때문에, 테크 업계의 차세대 모멘텀은 로봇에 있는 것 아니냐는 전망마저 있습니다. 하지만! 오늘 편지의 주제는 로봇이 아닙니다. 왜 이런 기업이 태어났는지, 그리고 창업자인 리더는 누구인지가 주제입니다.

오늘은 빅테크들이 앞다퉈 투자하고 있는 피규어AI를 창업한 브렛 애드콕의 성장 과정을 통해 리더십이 무엇인지, 창업에서 필요한 역량은 무엇인지 살펴보는 시간을 갖겠습니다. 한국의 수많은 창업가를 응원합니다!

## 넥스트 머스크?
## 그 이름 브렛 애드콕!

브렛 애드콕? 매우 생소한 이름인데요. 한국에는 잘 알려지지 않았지만, 미국에서는 넥스트 일론 머스크로 불리는 창업가입니다. 어떤 인생을 살았냐고요. 한번 일론 머스크와 브렛 애드콕의 삶을 간단히 대조해 볼게요.

### 일론 머스크 (53세)

· **1971년 남아공 출생:** 중학생 때 슈팅 게임을 만들어 판매, 유펜 와튼스쿨 진학, 스탠퍼드대학 박사 과정 포기, Zip2를 창업해 매각 212억 원 확보

· **1999년 온라인 은행 X.com 창업**: 이듬해 콘피니티와 합병. 페이팔로 사명 변경, 3년 후에 이베이를 상대로 15억 달러에 매각

· **2002년 스페이스X 창업**

· **2004년 테슬라에 큰 투자**: 이사회 의장 취임한 뒤 CEO 해고 및 취임

· **2015년 오픈AI 공동창업**: 3년 뒤 경영권 장악에 실패하자 포기

· **2022년 트위터 인수**: X로 사명 변경, 보링컴퍼니 뉴럴링크 xAI창업


**브렛 애드콕 (38세)**

· **1986년 미국 출생**: 일리노이주 농장에서 태어나 성장, 고등학생때부터 창업에 골몰, '나 홀로' 인터넷 기업 7개 운영, 플로리다대학 경영대 졸업

· **2013년 창업**: 27세때 본격 창업, 구직자 매칭 베터리(Vettery) 설립, 5년 만에 아데코에 1억 달러에 매각

· **2018년 eVTOL 창업**: 아처에비에이션 설립, 3년 만에 IPO...CEO에서 물러남

· **2022년 AI 로봇 창업**: 스타트업 피규어 창업, 기업가치 2조6천억 원 달성


어떤가요? 일론 머스크와 브렛 애드콕은 열다섯 살 차이가 나는데요. 인생 행보가 매우 비슷하게 느껴지지 않나요? 이들의 공통점은 크게 다섯 가지입니다.


1. 창업을 매우 일찍 경험했다.

2. 수익을 내본 경험이 있다.

3. 연쇄 창업을 통해 없는 시장을 만들었다.

4. 단순히 수익만 보고 뛰어들지는 않았다.

5. 인생 전체가 피벗(사업모델 전환)이었다.

브렛 애드콕이 창업에 성공한 이유는 따로 있습니다. 바로 노하우인데요. 그는 1986년 일리노이주 모웨아콰에 있는 작은 마을 변두리에서 태어나 자랐습니다. 옥수수와 콩을 키웠는데 부모님을 도와 일을 하다 보니 이런 생각이 들었습니다. '인터넷 시대인데, 꼭 농사만 지어야 하나.'

그래서 고등학생 때부터 나홀로 창업에 돌입합니다. 인터넷 물결이 넘실대는 분위기에서 컴퓨터에 꽤 익숙하다 보니 뚝딱뚝딱 프로그램을 짜서 나홀로 회사를 하나씩 만들었습니다. 그 종류를 나열해 보면 아웃도어 커머스 웹페이지, 전자제품 커머스 웹페이지, 면접을 도와주는 '스트리트 오브 월스', 모바일 입사를 지원하는 웹사이트 '워킹 앱' 등입니다.

사업 구상이 생길 때마다 하나씩 만들었다고 합니다. "일부는 돈을 벌기도 했지만, 일부는 그렇지 않았어요. 고등학생이 돈을 벌다니 기쁘기만 했죠." 플로리다대를 졸업한 뒤 그는 인생행로를 놓고 고민하다 창업 생각에 푹 빠집니다. 그래서 시행착오 경험을 살려 구인 · 구직 사이트를 만들었습니다.

바로 채용 지원 사이트인 베터리(Vettery)였습니다. 애드콕은 이렇게 회상합니다. "성장을 하지 못한 것도 아니고, 그렇다고 해서 죽은 것도 아니고… 참 어려웠던 시절입니다." 당시 베터리는 채용 지원 담당자를 고용해, 일일이 매칭해 줬는데요. 비용이 많이 들고 성장에 한계를 느껴, 마침내 머신러닝을 도입합니다.

## 성장도 먹어본 자만이 먹는다

신청자가 입력한 정보를 토대로 자동 매칭해주는 솔루션을 만든 것이죠. 매주 사용자가 두 배씩 늘었습니다. 4년 뒤인 2017년. 베터리는 직원 300명, 고객 2만 명, 월 면접 건수 3만 건이라는 기록을 달성합니다.

이를 보던 세계 2위 HR기업 아데코가 긴장을 합니다. 그리고 베터리를 약 1억 1,000만 달러(약 1,466억 원)에 인수합니다. 애드콕은 당시에 대해 이렇게 회고합니다. "몇백억 원을 거머쥐니 이제 본격적으로 실리콘밸리에서 창업할 기회가 생겼던 것 같아요. 하지만 20대처럼 무작정 아이디어를 내고 실현해 보고 싶지는 않았어요."

X 계정을 통해 그가 한 말을 질문 방식으로 재구성해 볼게요.

Q. 창업 어떠셨나요?

고등학생 때 이미 직원도 펀딩도 없이 혼자 시작했어요. 인터넷 기반 회사 7개를 만들었습니다. 하나는 아직도 존재하고요. 하나는 베터리가 됐고, 또 다른 기업들은 실패했네요.

Q. 나홀로 창업이 좋은 점이 있나요?

초능력이 생깁니다!

Q. 초능력이요?

하하! 사업 아이디어를 내는데 능숙해지는 초능력이요.

Q. 아…근데, 혼자 사업하면 힘들지 않나요?

그렇긴 하지만 회사의 흐름을 혼자 다 구상하고 실행해 볼 수 있어요. 엔지니어링 법률 브랜드 영업 마케팅 사용자피드백 고객서비스, 헉헉…, 다 해봐야 하죠.

## Q. 단점은 없나요?

단점? 거의 없는데요. 나홀로 창업은 직장이 있으면서도 부업으로 할 수 있어요. 추천합니다.

## Q. 적성이 맞아야 되지 않나요?

음… 적성보다는, 매일매일 문제를 해결하는 데 익숙해져야 합니다. 예비 창업자에게 문제에 익숙해져라! 이런 말을 하고 싶네요.

## Q. 가장 중요한 것은 무엇일까요?

최고의 제품, 최고의 서비스죠. 혼자 하다 보면 창업이라는 게임의 진리를 알 수 있을 겁니다. 다른 건 모두 안 중요해요.

## Q. 창업을 꿈꾸는 분에게 들려주실 조언을 부탁합니다

무작정 창업을 하는 것은 추천하지 않습니다. 한번 미니 회사를 설립해서 혼자 6개월 동안 운영해 보세요. 목표는 6개월 내에 월 매출 5천 달러입니다. 이를 달성할 수 없다면, 진짜 창업해도 힘들 겁니다. 사실 MBA를 다니는 것보다 나홀로 창업에서 훨씬 더 많이 배울 수 있습니다.

## 회사를 이끌려면,
## 팀이 춤추도록 피리를 부세요

배터리를 성공적으로 매각한 돈을 갖고 그는 도심항공교통 (UAM), 즉 드론 택시 개발 회사를 설립합니다. 왜 그랬냐고요. 이런 말을 했습니다. "20대 창업과 30대 창업은 다릅니다. 특히 큰 사업은 단순히 아이디어를 내고 실현하는 데 있지 않습니다." 포인트는 이렇습니다.

√ 어떤 산업에서 일하고 싶은가?

√ 어떤 큰 문제를 해결할 것인가?

√ 얼마나 많은 자본이 필요한가?

√ 구성할 팀은 어떤 모습일까?

√ 내가 달성할 수 있는 성공은 무엇인가?

이런 목표가 필요합니다. 애드콕은 크게 두 가지에 집중하기로 했습니다. 우선 하드웨어, 다음으로 지속가능성(ESG)! 그래서 설립한 것이 아처에비에이션입니다. "100년 동안 아무도 교통의 전체 흐름을 바꾸려고 하지 않았고, 결국 하늘에 교통 길을 내는 것이 옳다"는 판단이었습니다.

30대의 애드콕은 30대의 머스크처럼 이미 크게 성장한 상태였습니다. 우회로를 익힌 것이죠. 그래서 우수한 팀을 빌딩하는 데 집중합니다. 당시 에어버스는 미국에 바하나(Vahana)라는 수직이착륙기 팀을 두고 있었는데요. 본사 명령에 따라 팀원 전체가 프랑스로 이주하기 일보 직전이었습니다.

이때 애드콕이 짠 나서서, 이렇게 외칩니다. "내가 채용할 테니 미국에 남을래요?" 그 팀 전원을 고용합니다. 또 당시 구글 창업자인 래리 페이지 역시 키티호크라는 수직이착륙기 프로젝트를 하고 있었고, 보잉 역시 별도 팀을 두고 있었습니다. 하지만 이들 팀들은 사내에서 돈을 못 번다는 이유로, 간식마저 끊긴 상태였습니다.

다시 애드콕이 '짠' 하고 이들 앞에 나타나 모두 포섭합니다. 피리 부는 사나이처럼 말이죠. 해당 팀원들을 모두 싹쓸이하고 나니, 회사는 매우 빠른 속도로 성장합니다.

시속 160km 지상 주행 성공, 2인승 자율주행 비행 프로토타입 공개, 크라이슬러와 협업, 유나이티드 에어라인으로부터 10억 달러 이상 주문 수주, 그리고 3년 만에 회사를 IPO 상장합니다(티커: ACHR). 또 2022년에는 5인승 항공기까지 선보이면서 UAM 업계의 주요 기업으로 부상합니다.

하지만 창업 4년 만에 그는 스스로 물러납니다. "전 여전히 대주주이긴 한데요. 상장을 하고 나니, 새 이사진과 의견 차이가 커졌어요. 그래서 인생의 새로운 돌파구(피벗)가 필요했습니다."

애드콕은 어떤 일을 할 수 있을지 고민했어요. 그리고 선택한 것이 AI 로봇이었습니다. 2022년 피규어 AI라는 로봇 기업을 설립합니다. 역시 방법은 '피리 부는 사나이' 전략. 그는 현대차가 인수한 보스턴다이내믹스, 테슬라, 구글 딥마인드, 애플을 돌아다니면서 사람을 모았습니다.

그리고 시작과 동시에 60명에 달하는 매우 뛰어난 팀원을 채용하는 데 성공했습니다. 그 결과는 1년 만에 시제품 완성! 그래서 그런지, 피규어 AI는 로봇업계의 신데렐라(다크호스)로 불립니다.

피리 부는 애드콕은 수많은 투자자들도 끌어 당겼습니다. 제프베이조스, 엔비디아, MS, 오픈AI, 삼성, LG 등이 대표적입니다. 아직 상용 제품도 없지만 20억 달러(2조 6,000억 원) 기업 가치를 인정받았고, 투자 유치액은 7억 달러(9,338억 원)에 육박합니다.

비전과 노하우에 인재와 자본이 따라오니 탄력이 붙지 않을 수 없는데요. 현재는 스케일업 중입니다. BMW와 협업을 추진하고 있는데요. 미국 사우스캐롤라이나주에 있는 제조 공장에 휴머노이드를 투입한다는 계획입니다. 얼마 전 CES 편지에서도 적었지만, 초거대 AI가 속속 사물에 침투하면서, 모든 사물에 두뇌가 달리기 시작했는데, 아마도 휴머노이드는 그 중심에 설 것으로 예측됩니다.

차세대 머스크로 불리는 애드콕이 걸어온 창업 과정을 보고 그가 만든 기업과 서비스를 이해하기보다는, 세계를 바꾸려는 창업가는 어떤 마인드로 살고 있는지, 그리고 각 단계마다 무엇을 중시했는지를 이해해 보세요.

HR이든, 드론 택시든, AI 로봇이든지, 결국 이를 이끄는 것은 사람이라는 메시지입니다. 기업에서 리더란 이들을 위해 비전과 방법을 제시할 수 있는 인물이 아닐까 합니다.

# 구매 버튼을 누른 건 내가 아냐

"소비자 구매 결정의 95%는 무의식에서 일어난다"

– 제럴드 잘트만(Gerald Zaltman) –

금리가 오르고 화폐가치도 오르면서 모든 기업들이 매출과 영업이익을 방어하기 위해 달리고 있습니다. 빅테크 기업들은 공격적으로 비용을 절감하고 있고, 스트리밍 업체들은 구독료를 인상했습니다.

독점적 지배력을 가지고 있는 테크기업들도 이런데 중소기업들의 압박은 더욱 클 수밖에 없습니다. 브랜드는 인지도가 대기업처럼 좋지도 않으면서 매출과 수익에 대한 압박은 똑같이 점점 높아

지고 있으니까요. 게다가 높은 인플레이션과 함께 경기침체 가능성
이 높아지면서 소비자들은 지갑을 닫고 있습니다. 어떻게 방법이
없을까요?

오늘은 뉴로마케팅(neuromarketing)에 대한 몇 가지 글들을 보면
서 '어떻게 고객이 돈을 지불하게 만들까'에 대해서 고민해 보겠습
니다.


## 뇌과학으로 보는
## 마케팅


인간의 뇌를 연구해 직접 마케팅에 활용하고자 하는 뉴로마케
팅은 많은 과학적 진전을 이뤘고 실제로 이미 마케팅에서 많이 사
용되고 있어요.

뉴로마케팅(신경마케팅)의 기본원리는 '구매'와 같은 중요한 의
사결정은 '무의식적'으로 일어난다는 것이에요. 《무엇을 놓친 걸
까》(Decoded)라는 책을 쓴 필 바든(Phil Barden) 디코드 마케팅 이사
에 따르면 우리의 뇌는 '자동조종장치(Autopilot)'와 '조종사(Pilot)'의
두 개의 영역으로 나뉘어 있어요. 전자는 지각과 직관, 행동을 주관
하고 후자는 사고와 숙고의 영역을 주관한다고 해요. 그런데 구매
결정은 대체로 자동조종장치에 의해서 결정된다는 거에요. 다만 잘

모르는 브랜드의 물건을 구매하거나 고려해야 할 것이 많을 때는 조종사가 결정한다는 것입니다.

이런 뇌의 두 가지 영역이 어떻게 작동하는지 확인해 보는 방법이 있습니다. 아래의 여섯 글자를 한 번 마음속으로 소리 내서 읽어 봐 주세요.

**빨간색　파란색**
**주황색　검은색**
**노란색　초록색**

이번에는 아래의 여섯 글자를 한번 마음속으로 읽어봐 주세요. 첫 번째의 경우 읽는데 거침없이 흘러가는 데 반해 두 번째의 경우 어딘가 막히는 기분이 드실 겁니다.

**빨간색　파란색**
**주황색　검은색**
**노란색　초록색**

이것을 스트룹 테스트(Stroop Test)라고 하는데요. 첫 번째의 경우 '자동조종장치(Autopilot)'가 가동되었기 때문에 빠르게 읽을 수 있지만 두 번째의 경우 '조종사(Pilot)'가 개입하기 때문에 읽는 시간이 더 늘어나는 것입니다.

이처럼 구매 결정이 매우 즉각적으로 이뤄진다는 것은 여러 가지 사례로 입증되었고 실제로 마케팅에서 많이 쓰이고 있죠.

아래 중에 어느 세품을 사람들은 더 많이 살까요?

기름기를 75% 뺀 **vs** 지방 25% 함유

34달러 **vs** 할인가 35달러

12% 할인 **vs** 1인당 최대 12개

모두 답을 알고 있을 것 같은데요. 지방이라는 것을 명시적으로 표시해주기보다는 기름기를 뺐다는 표현이 더 소비자들은 선호하고요. 실제는 더 비싸더라도 할인받았다는 것에 더 마음이 가게 되죠. 할인이 많은 것도 좋지만 제한을 둘 때 우리는 더 그걸 사고 싶어집니다.

# 구글이 말하는
# 뉴로마케팅

세계에서 가장 큰 광고매체인 구글. 구글은 2020년 고객이 구매로 이어지는 과정의 심리를 설명한 보고서를 낸 적이 있어요. 이름하여 구매 결정의 분석(Decoding Decision). 마케팅에서 가장 유명한 이론인 '깔때기(Funnel)' 모델의 구글 버전이라고 할 수 있습니다.

지금의 e커머스 시대는 소비자들이 깔대기보다는 복잡한 메시미들(Messy Middle, 복잡한 중간 단계)에 있다는 것이 구글의 설명입니다. 검색만 하면 내가 찾는 물건을 발견할 수 있고, 수많은 정보를 가지고 계속 비교할 수 있기 때문에 '구매'까지 이르는 과정에 많은 탐색과 평가의 시간이 소요된다는 것이에요.

구글에 따르면 구매까지 이르는 과정에 6개의 바이어스(편향)이 작용한다고 해요.

· **범주 휴리스틱**(Category Heuristics): 휴리스틱이란 시간이나 정보가 부족해 합리적인 판단을 하기 어려울 때 사용하는 어림짐작(?), 통밥(?) 같은 것이에요. 범주 휴리스틱이란 구매대상을 어떤 카테고리에 포함시켜서, 구매를 신속하게 하는 것이에요. 예를 들어 휴대전화 요금제를 선택할 때 무제한 요금제에서 고른다든지 월 100GB에서 정한다든지처럼 제한을 두는거죠.

· **권위 편향**(Authority Bias): 구매를 결정할 때 권위가 있는 사람의 말에 따르

는 것이에요. 교수님이나 전문가들이 추천하게 되면 훨씬 쉽게 구매 결정을 하는 것이죠.

· **사회적 증거**(Social Proof): 사람들은 사회적으로 검증된 것을 선택하는 경향이 있어요. 입소문, 리뷰, 추천 등이 대표적입니다.

· **지금의 힘**(Power of Now): 사람은 기다리는 것을 싫어하고 바로 지금을 좋아해요. 전자상거래에서 익일 배송이나 빠른 음식배달이 성공한 것은 이런 심리가 있기 때문이죠!

· **희귀성 편향**(Scarcity Bias): 사람은 희귀한 것을 더 원하는 편향이 있어요. 희귀한 것도 크게 세 가지로 나눌 수 있는데 한정된 시간, 한정된 수량, 한정된 접근이에요. 아무나 얻을 수 없는 정보, 아무나 들어올 수 없는 그룹, 아무나 갈 수 없는 장소 같은 곳이 한정된 접근의 대표적인 예입니다.

· **공짜의 힘**(Power of Free): 사람들은 공짜로 얻는 것을 더 좋아해요. 예를 들어 10달러짜리 기프트 카드를 공짜로 받는 것과 20달러짜리 기프트 카드를 7달러로 구매하는 것 중에 택하라고 하면, 사람들은 10달러를 많이 선택해요.

구글은 이 여섯 가지 편향이 소비자의 구매에 얼마나 영향을 주는지를 실험해봤어요.

보통 소비자들의 최선호 브랜드를 보여주고, 다음으로 선호하는 브랜드를 보여주면 30%의 사람들이 2순위 브랜드를 구매한다고 해요(SUV 기준). 단순히 경쟁브랜드를 보여주는 것만으로도 구매를 옮겨올 수 있다는 것. 이 전환 비율은 제품군마다 다른데 스마트폰이 제일 적고(18%), 화장실 욕조, 변기 같은 것이 제일 높았다고 (44%) 합니다.

구글은 이 2순위 브랜드에 여섯 가지 편향에 따른 조작을 해 보았어요. 2번째 브랜드에 다양한 심리적인 마케팅 수단을 써본 거죠. 특히, 여섯 가지를 모두 사용했을 때는 2번째 브랜드로 구매가 옮겨가는 경우가 크게 올라갔어요. 18~44% 정도였던 전환율이 72~94%까지 뛰어오른 거죠.

가장 전환율이 낮았던 것은 이동통신 서비스였고(72%), 가장 높았던 것은 자동차 보험(94%)이었어요. 이전에 가장 낮았던 스마트폰도 77%나 두 번째 선호하는 브랜드로 이동합니다.

구글은 심지어 소비자들이 한 번도 본 적 없는 '가짜브랜드'를 만들어서 동일한 실험을 해 보았는데요. 가짜브랜드에 6가지 편향을 통해 구매를 자극한 거죠. 낮게는 28%에서 87%까지 '가짜브랜드'를 선택했다고 해요.

이런 '가짜' 브랜드 중 소비자들이 가장 구매를 꺼렸던 제품군은 시리얼, 항공사, 위스키 같은 것이었고 호텔, 소파, 자동차 보험은 처음 보는 브랜드라도 구매를 했다고 해요. 아무래도 식품에는 보수적인 선택을 하게 되는 것 같아요.

이 실험이 주는 시사점은 여러 가지 심리적인 방법을 통해서 2등 브랜드나 신생 브랜드도 1등 브랜드를 이길 수 있다는 것이에요

(그러니까 구글 광고를 하라는 것이죠). 물론 거짓을 말하거나 '선'을 넘는 심리적인 마케팅은 오히려 역풍을 불러올 수 있으니 유의해야 한다고 보고서는 설명하고 있습니다.


## 브랜드는
## 기억을 자극한다


뉴로마케팅의 연구 결과와 실제 적용사례를 보면 좀 허무함도 느껴져요. 인간이란 이렇게 단순한 동물이고, 기업들은 사람들의 말초적인 것만을 자극해서 물건을 팔고 있는 것처럼 느껴진달까요? 실제로 우리가 인터넷에서 접하는 광고나 마케팅들은 이런 우리의 심리적인 편향성을 많이 자극하고 있습니다. 때로는 불쾌할 정도로요.

구글의 실험 결과대로 인간의 심리를 이용해 '가짜'브랜드가 기존의 브랜드마저 쉽게 꺾을 수 있다면 브랜드 마케팅이란 것도 무의미한 것일까요? 실제로는 그렇지 않다는 것도 역시 뉴로마케팅의 연구 결과랍니다.

1985년에 마케팅 역사에 아주 유명한 사건이 하나 일어나는데요. 바로 코카콜라의 뉴코크(New Coke)!

코카콜라는 당시 가파르게 쫓아오는 펩시에 대응하고자 코카콜라의 레시피를 바꾸고 '뉴 코크'라는 이름으로 새롭게 출시했습니다. 그러자 사람들이 분노하기 시작했죠. 원래 코카콜라의 맛을 내놓으라고요. 전화와 항의 편지가 코카콜라에 쇄도했습니다. 결국 79일 만에 기존 레시피의 코카콜라를 '코카콜라 클래식'이라는 이름으로 다시 출시해 '뉴코크'와 '코카콜라 클래식'을 같이 판매하게 됐습니다. 1990년에는 뉴코크를 코크2로 이름으로 바꿨고, 결국 2002년에는 단종시켰습니다. 코카콜라 마케팅의 흑역사였습니다.

## 왜 사람들은 코카콜라의 맛에 분노했을까

뉴로마케터들이 콜라의 브랜드를 알려주지 않은 상태에서 소비자에게 시음했을 때와 코카콜라라는 브랜드를 알려주고 마시게 했을 때, 반응하는 뇌의 위치가 달랐다고 해요. 코카콜라라는 브랜드를 알고 마실 경우 '기억'과 관련된 부분이 반응했다고 합니다. 코카콜라에 대한 개인적인 추억이나 경험이 있을 경우 이것이 작용한다는 것이죠.

처음 코카콜라라는 것을 먹어봤을 때의 좋았던 경험이라든지, 워런 버핏이 코카콜라를 장기투자하니까 좋아한다든지와 같은 브랜드에 대한 기억이 소비자들의 선호와 구매에 틀림없이 영향을 끼친다는 것! 사람들은 자신들의 추억이 담긴 코카콜라의 맛이 변했다는 것에 분노했던 것입니다. 사실은 식품회사들이 제품의 맛을 매년 조금씩 바꾸고 있음에도 불구하고 고객들은 오래된 브랜드의 맛이 바뀌는 것을 기분 나빠하는 경우가 많답니다.

뉴코크의 실패 사례를 보면 1등 브랜드라는 것이 단순히 많이 알려져 있는 것이 중요한 섯이 아니라 소비자의 기억 속에 어떻게 자리잡혀있는지가 중요하다는 것을 알 수 있어요. 끊임없이 소비자와 소통하고, 투자하는 것이 브랜드에게 필요한 이유입니다. 위에 소개해드린 실험에서 구글도 '브랜드'의 중요성을 인정했어요. 시리얼의 사례처럼 사람들은 한번 어떤 브랜드를 좋아하게 되면 어떤 유혹이 다가와도 그걸 바꾸지 않는 경우가 많다는 것.

기억만큼이나 우리의 구매에 영향을 미치는 것은 바로 동기(motivation)입니다. 단순히 일상적인 필요에 의한 공산품이 아니라, 구매 전 많은 고민이 필요한 제품이나 서비스라면 어떤 동기를 갖고 구매하는지가 중요할 것 같아요.

최근에 제가 만난 한 스타트업의 CSO는 오프라인 커뮤니티 사업은 근본적으로 '외로움'을 해소시켜주는 사업이라고 하셨어요. 와인을 배우는 클래스라면 와인 때문이 아니라 그곳에서 사람을 만나고 싶어서 나오는 거라는 것입니다.

또, 교육 스타트업에 계신 분은 입시교육은 근본적으로 부모들의 선택이 가장 중요하다고 하셨어요. 구매의 결정을 학생이 아니라 부모가 하기 때문에 부모의 심리를 파악하는 것이 제일 중요한 거죠. 부모들이 교육에 돈을 쓰는 이유는? 하나는 자녀를 잘 키워서 멋진 미래를 만들어 주고 싶다는 것. 다른 하나는 내 자녀만 뒤처지는 것은 아닌가 하는 불안감이죠. 그 뿌리에는 자녀에 대한 애착과 사랑이 있을 테고요. 반대로 성인교육의 경우 성장에 대한 개인의 욕구가 중요한 포인트. 오늘의 투자가 더 나은 내일을 만들어 줄 것이라는 기대감이 소비자들이 돈을 쓰게 만듭니다.

'무엇을 놓친 걸까'의 필 바튼은 이렇게 설명을 했어요. 우리는 감정(emotion)의 힘으로 움직이지만 결국에는 동기(motivation)가 이끄는 방향으로 간다는 것이에요. 어떤 행동을 했을 때 기대되는 보상이 있을 때, 그것을 쫓아가는 것이 동기라고 하는데요. 이 보상은 우리가 결정하도록 만드는 중요한 요소랍니다. 감정은 우리가 어떤 행동을 하도록 만들기는 하지만 궁극적인 목적은 아니라는 것이에요.

앞서 우리는 소비자가 구매 버튼을 누르도록 하는 여러 가지 편향들에 대해서 살펴봤어요. 그런데 검색을 하거나 구매하고 싶다는 생각의 뒤에는 더 근원적인 동기가 있답니다. '배는 채우고 싶지만 건강한 음식을 먹고 싶다'든지, '사랑하는 사람을 위한 물건을 사고 싶다'든지, '좋은 사람들과 어울리고 싶다'와 같은 것 말이죠.

모티스타라는 마케팅 회사는 소비자들을 움직이는 가장 중요한

10개의 동력을 이렇게 꼽았어요.

1. 사람들 사이에서 돋보이고 싶다.

2. 미래에 대한 희망을 품고 싶다.

3. 웰빙의 기분을 느끼고 싶다.

4. 자유를 느끼고 싶나.

5. 스릴을 느끼고 싶다.

6. 소속감을 느끼고 싶다.

7. 내 주변 환경을 지키고 싶다.

8. 내가 되고 싶은 사람이 되고 싶다.

9. 안전함을 느끼고 싶다.

10. 인생에서 성공하고 싶다.

뇌에 대해서 연구하면서 우리는 구매에 무의식이 끼치는 영향이 크다는 것을 알게 되었어요. 사람의 뇌는 무의식적인 편향에 맞춰 구매를 하기 때문에 유명하지 않은 브랜드가 1등을 꺾기도 합니다. 또한, 사람들은 소비를 할 때 브랜드에 대한 기억과 감정을 떠올립니다. 하지만 감정보다 중요한 것은 사람을 이끄는 것은 모티베이션입니다. 무의식과 감정을 파악하는 것도 중요하지만 고객을 움직이는 동력을 파악하는 것도 중요합니다.

재충전

# 나를 잃지 않고 꾸준히 일하는 법

# 별일 없는데 지친다면
# 마이크로스트레스

"당신이 스트레스를 받고 있다면,
한 가지 질문을 해보세요.
'5년 후에도 이것이 문제가 되는가?'
만약 그렇다면 해결하려고 노력하고
만약 그렇지 않다면 그냥 넘어가세요."

-캐서린 펄시퍼 -

여러분들은 마이크로스트레스(Microstress)라는 말을 들어보았나요. 마이크로스트레스라는 개념은 미국 뱁슨대학 교수 롭 크로스와 언론인 카렌 딜론이 쓴 하버드 비즈니스 리뷰 〈마이크로스트레스의 숨겨진 희생자〉(The Hidden Toll of Microstress)에서 등장합니다.

현대인의 삶 속에서 빠지지 않는 스트레스.

일반적인 스트레스는 누구라도 중압감을 느낄 수 있는 정신적인 압박이나 긴장을 말합니다. 예를 들어 매우 중요한 발표를 앞두고 준비를 한다거나, 승진에서 탈락한다거나, 가족 일로 인해 스트레스를 받는 것이 대표적입니다. 가장 큰 특징으로는 '눈에 명확히 보이고, 구체적인 대상이 있다는 것'입니다.

한편 마이크로스트레스는 약간의 차이가 있는데, 사소해 보이지만 짜증이 나는 것을 말합니다. 스트레스라고 부르기엔 너무 작고 소소한데 괜히 신경이 쓰이고, 예민해지는 것을 말하죠. 예를 들면 이렇습니다.

첫째, 함께 일하는 직원이 일을 너무 대충하기 때문에 내 시간을 더 써서 업무 마무리를 지어야 하는 경우.

둘째, 남편이 아이를 하원시켜야 하는데 못 한다고 해서 내가 가야 하는 경우.

셋째, 친한 친구와의 약속이 계속 미뤄지는 경우.


## 마이크로스트레스는
## 우리를 소진시킨다

생각보다 마이크로스트레스는 우리들의 삶 속에서 빈번히 일어나고 있습니다. "남들이 다 겪는 것이니까" "이런 게 인생 아니겠어"라는 생각으로 무심코 지나칠 수 있는데요. 마이크로스트레스는 눈에 명확히 보이지 않기 때문에 생각보다 본인이 얼마나 스트레스를 받는지 잘 모르는 경향이 크다고 합니다. 게다가 일반적인 스트레스와는 다르게 원인 제공자가 직장 동료 혹은 가족 등 주변 사람인 경우가 많다고 합니다.

롭 크로스 교수의 말에 따르면, 우리의 뇌는 스트레스에 대응하도록 진화해왔습니다. 이런 생리적인 활동을 '신항상성(Allostasis)'이라고 부르는데요. 신항상성을 통해 우리의 신체에 투쟁-도피(fight-flight) 반응이 나오면서 스트레스에 적절히 대응합니다.

그러나 마이크로스트레스는 우리의 신체가 심각한 스트레스라고 판단하지 않기 때문에 신항상성이 작동되지 않는다고 하는데요. 마이크로스트레스도 일반 스트레스와 같이 혈압이 오르고 호르몬이 분비되는 것은 같지만, 우리의 뇌가 이를 스트레스로 보지 않기 때문에 필요한 대응을 하지 않는다고 합니다. 그저 계속해서 우리의 정신력을 약화시킬 뿐이죠. 때문에 마이크로스트레스는 해소되지 않고 계속해서 우리 몸에 쌓여만 갑니다.

노스이스턴대학 심리학과 리사 펠드먼 바렛(Lisa Feldman Barrett) 교수는 '신체예산(Body Budget)'이라는 개념을 제시했습니다. 우리의 신체는 정해진 예산(에너지)이 있는데 마이크로스트레스를 해소하기 위해서 너무 많은 예산을 써버리면 정작 필요한 곳에서는 그 예산을 쓰지 못한다는 것입니다. 결국에는 일반 스트레스에 제대로 대응을 못하게 된다는 것인데요.

# 마이크로스트레스의
# 3가지 유형

그렇다면 마이크로스트레스를 극복하는 방법은 무엇이 있을까요? 롭 크로스 교수는 마이크로스트레스를 3가지 큰 유형으로 분류합니다.

### 1. 실행 능력을 갉아먹는 마이크로스트레스

- 함께 일하는 사람과 역할이나 우선순위를 두고 불일치가 발생할 때

- 어떤 사람에 대한 신뢰가 불확실해질 때

- 중요한 위치에 있는 사람이 예측할 수 없는 행동을 할 때

- 다양하면서도 많은 일을 협업으로 해야 할 때

- 회사나 직장에서 갑자기 책임을 떠맡게 되었을 때


### 2. 감정을 흔들어 놓는 마이크로스트레스

- 다른 사람의 성공이나 웰빙을 내가 책임져야 할 때

- 대립각을 세우는 대화

- 나의 인간관계에서 신뢰가 없어질 때

- 주변에 스트레스를 전파하는 사람

- 사내정치

### 3. 정체성을 위협하는 마이크로스트레스

- 내 가치관과 다른 목표를 이뤄야 하는 압박

- 나의 믿음이나 가치에 대한 공격

- 가족이나 친구 사이에서 부정적인 경험

- 나의 인간관계를 파괴하는 행위

이런 마이크로스트레스들의 가장 큰 문제점은 사소한 것에서 시작해서 점점 큰 문제로 발전한다는 것입니다.

하버드 비즈니스 리뷰에서는 리타라는 사람의 사례를 들었는데요.

① 리타는 어느 날 퇴근을 앞두고 매니저로부터 이메일로 업무 지시를 받았습니다.

② 리타의 퇴근길은 그 이메일 하나로 스트레스가 되었죠. 두 시간 동안 자신의 팀원들에게 그 업무에 대해서 알려야 했으니까요.

③ 리타의 팀은 그때부터 서로 연락하면서 일을 해야 했고 다음 날 아침 보고 자료를 위해 총 20시간의 추가 근무를 해야 했습니다. 팀원들은 리타에게 새로운 상사에 대해서 짜증을 냈습니다.

④ 짜증이 났던 리타는 퇴근 길에 남편에게 험한 말을 했고, 일을 하느라 아들과 저녁 식사를 하지 못했습니다. 그날 밤 가족과 팀원들에게 미안한 마음에 리타는 잠을 제대로 들지 못했습니다.

이처럼 마이크로스트레스는 나도 모르게 내 주변 사람에게 전파됩니다. 그리고 다시 나에게로 돌아옵니다.


# 일상생활에서 마이크로스트레스를
# 극복하는 방법


명상과 같은 마음을 다스리는 방법도 좋지만, 마이크로스트레스의 원인들을 제거하는 것이 극복하는 방법 중 하나가 될 수 있는데요. 수십 년간의 사회과학 연구에 따르면 부정적인 상호작용의 효과는 긍정적인 상호작용보다 5배 정도 영향력이 더 크다고 합니다. 마이크로스트레스가 되는 요소들을 제거하면 현저히 다른 일상을 살아갈 수 있을 거예요.

일상생활에서 마이크로스트레스를 없애는 방법입니다.

**1. 마이크로스트레스를 없애기 위해 실질적인 행동을 한다.**
작지만, 효과적인 방법으로 일상생활의 삶의 질을 올릴 수 있다. 간단하다.
- 마이크로스트레스를 주는 사람에게 '안돼'라고 말한다.
- 일을 방해하는 기기를 멀리한다
- 스트레스 주는 관계를 재정립한다

## 2. 남에게도 마이크로스트레스를 주지 않는다.

그저 남을 위한 일은 아니다. 누군가에게 마이크로스트레스를 주는 순간, 부메랑처럼 자신에게 다시 돌아오게 된다. 특히, 부부 사이에서 자주 일어나는 일이다. 기억하자! 남에게 마이크로스트레스를 덜 주면, 자신에게도 덜 돌아온다.

## 3. 떨쳐낸다.

마이크로스트레스를 해소하는 또다른 방법은 최대한 빨리 떨쳐내는 것이다. 우리가 마이크로스트레스를 받는 이유는 그것을 받아들이고 있기 때문이다. 롭 크로스는 이러한 태도는 '지나친 낙관(Pollyanna)'과는 다르며, 제일 좋은 방법은 바로 '다양한 사람들과 관계 맺기'라고 한다.

롭 크로스 교수는 마이크로스트레스를 이겨내는 사람들을 인터뷰한 결과 공통적인 특징을 발견했습니다. 바로 '가족이나 직장 두 가지의 평면적인 인간관계가 아닌, 다양한 차원의 관계를 맺는 것'이었는데요. 다양한 사람들을 만나 교류할수록 마이크로스트레스에 대한 '예방접종'이 되었다는 것을 인터뷰를 통해 발견해냈습니다.

친한 친구들과 주말마다 만나서 농구를 한다든지, 평소에 배워보고 싶었던 다양한 활동들을 하면서 다양한 사람들을 만나는 것이 마이크로스트레스 해소에 엄청나게 도움이 된다는 것입니다.

미국의 전문 연설가이자 자기계발 작가인 브라이언 트레이시의 말도 도움이 될 것 같습니다. 그는 "스트레스와 불행은 자신이 처한 상황으로부터 오는 것이 아니라, 그 상황을 대처하는 방식에서 온다"고 말했습니다. 언제, 어디서나, 누구에게나 찾아올 수 있는 마이크로스트레스, 그동안 알아차리기 힘들어서 적절히 대응하지 못했다면, 이제는 위 세 가지 방법을 활용해 여러분들만의 방식으로 극복해 보길 바랍니다.

# 번아웃을 방지하는 방법

> "원하는 것을 말하고 또 말하라.
> 삶은 부메랑이다.
> 우리들의 생각, 말, 행동은
> 언제가 될지 모르지만,
> 틀림없이 돌아온다."
>
> – 플로렌스 스코벨 쉰(Florence Scovel Shinn) –

여러분들은 극도의 신체적, 정신적 피로를 경험한 적이 있나요? 순간적으로 갑자기 무기력하고, 피로감을 호소하게 된 적은요? 그렇다고 한다면 번아웃 증후군(burnout syndrome)을 경험해 보았을 가능성이 큽니다.

번아웃이란, 한 가지 일에 몰두하던 사람이 극도의 신체적 · 정신적 피로감을 호소하며 모든 일에 무기력해져 에너지를 소진하게 되는 현상을 말합니다.

번아웃은 미국 심리학자인 허버트 프로이덴버거가 1970년에 처음 사용한 용어인데요. '남을 돕는 직업'인 의사와 간호사들에게서 발견했다고 합니다. 이후 번아웃 현상은 직장인, 주부, 그리고 학생들에게까지 발견되면서, 이제는 심리학 개념으로 굳어졌습니다.

번아웃은 언뜻 보면 피로감이나 우울증과 비슷해 보이지만, 번아웃은 주로 '업무' 때문에 벌어지는 피로감을 가리킵니다. 정서적으로 힘들다 보니, 업무 활동에서 성과가 감소하는 것을 뜻해요. 반면 우울증은 업무뿐 아니라 생활 전반에 걸쳐 나타납니다. 하지만, 번아웃과 우울증은 상관관계에 있기 때문에 번아웃이 우울증으로 번지지 않도록 하는 것이 매우 중요합니다.


## 불안감을 지워야 한다

행동경제학자이자 노벨경제학상 수상자인 대니얼 카너먼은 두 가지의 생각을 규정했습니다.

• **빠른 생각:** 자동 반사적 생각입니다.

ex) 책상이 지저분하다, 저 상사는 별로이다, 매출이 떨어졌다, 고객이 화가

났다 등

• **느린 생각**: 천천히 돌이켜 보는 생각입니다.

ex) 저 상사는 왜 맨날 화를 내는 것일까, 매출은 왜 떨어졌을까, 고객은 왜 또 화를 낼까 등


카너먼은 빠른 생각에 너무 사로잡히다 보면, 스트레스 지수가 올라간다는 사실을 발견합니다. 때로는 주변과 대화를 끊고, 혼자만의 시간을 갖고, 천천히 돌이켜 볼 필요가 있다고 합니다. 적게는 하루에 30~90분이 필요합니다. 하지만 느린 생각은 생각만으로 일어나지 않습니다.

번아웃을 방지하는 방법은 무엇이 있을까요? 첫 번째로 '불안한 감정'을 지워야 합니다. 번아웃의 초기 증상은 불안감인데요. 상사에게 안 좋은 소리를 듣거나, 일이 잘 풀리지 않을 때 서서히 불안감이 찾아오기 마련입니다. 이럴 때일수록 원인을 찾고 해야 할 일을 분명히 하는 것이 도움이 됩니다.

번아웃의 핵심인 불안은 사실 탐지가 어려운 스텔스 스트레스이기 때문에 이를 먼저 파악하는 것이 중요합니다.

할 일 목록인 To-do 리스트를 작성한 뒤, 내가 불안한 이유를 하나씩 점검하는 것이 불안감을 낮추는 데 매우 효과적입니다.

시카고대학 심리학자인 제라르도 라미레즈 연구팀이 실험한 결과, 시험 직전 10분 전 불안한 것을 종이에 쓰게 한 그룹이 좋은 성

적을 냈다고 합니다. 즉 마음 상태를 글로 쓰는 것만으로, 불안을 다스릴 수 있다는 것이죠.

이런 To-do 리스트를 만들고, 점검을 해 보면 어떨까요.

**스스로 할 수 있는 일**: 집에서라도 해결할 수 있다.

**스스로 할 수 없는 일**: 도움을 줄 동료를 찾아보자.

**시간이 걸리는 일**: 로드맵을 수립하면, 불안감이 준다.

**당장 할 수 있는 일**: 쉽게 해결할 수 있다.

## 자신감을
## 채워야 한다

첫째, 자신감을 채우기 위해서는 배를 채워야 한다.

공복에는 혈당이 낮아지면서, 스트레스가 올라갑니다. 이럴 땐 적절히 요기를 하는 게 번아웃을 방지하는 길입니다. 책상 주변에 사탕이나 초콜릿 하나둘씩 두고, 스트레스를 받을 때 꺼내 먹는 것이 좋습니다.

둘째, 깊은 잠은 '나'를 똑똑하게 만든다.

워싱턴대학 의학부의 마커스 라이클 연구팀은 매우 집중하는 두뇌와, 멍한 상태의 두뇌를 비교 촬영했는데요. 오히려 멍하게 있을 때, 가치판단에 관여하는 뇌 부분이 활성화되는 것을 발견했습니다. 이런 두뇌 상태를 '디폴트 모드 네트워크(Default Mode Network)'라고 불렀는데요. 엄청나게 집중하면 언어 기억 사고 등을 담당하는 대뇌피질이 피곤해지면서, 졸린 상태가 된다고 합니다.

실제로 NASA의 마크 로즈킨드 연구팀이 우주 비행사들을 조종실에서 평균 26분 동안 낮잠을 자게 했더니, 수면 직후 집중도가 34% 향상된 것을 발견했습니다. 즉, 졸리면 '꾸벅' 잠을 자는 것이 좋습니다.

셋째, 부정은 부정을 낳는다.

사람은 나 자신을 규정하는 순간, 그 틀의 노예가 됩니다. 이를 '셀프 스키마'라고 부르는데요. 특히 우울해하는 사람은 결코 부정적 사건을 자주 떠올려서는 안 된다고 해요.

도쿄대학 이케가야 유지 교수는 이런 방법을 추천합니다. 정말 재미없고 따분하고 지루한 상사가 술자리에서 끝없이 이야기한다면, "저 상사는 최악이야"라고 생각하지 말고, "저렇게 재미없는 분이 어떻게 저런 자리까지 올랐을까, 앞으로 그 방법을 배워보자!". 긍정적 마음가짐이 최고라고 합니다.

넷째, 목표는 무조건 달성한다.

목표를 달성하겠다는 다짐이 때로는 버거울 수 있습니다. 그럴 때는 목표지점을 한 70%까지로 낮춰 내가 달성할 수 있을 것 같은 목표를 스스로 세우는 것이 좋습니다. 페더 골위처 독일 심리학 교수는 이를 정신적 대비(Mental contrasting)라고 규정합니다. 정신적 대비법을 활용해, 눈앞에 달성할 수 있는 목표부터 세워보면 어떨까 합니다.


## 하루를 힘차게 살아가기 위한 방법

첫째, 아침 운동 또는 아침 목욕을 해보자.

하버드대학 의과대 존 레이티 연구팀은 한 가지 재미있는 실험을 진행했습니다.

학생들이 좋아하는 운동을 매일 아침 꼭 하게 했더니, 성적이 점점 오르는 현상을 발견했는데요. 특히 심박수를 어느 정도 올릴 수 있는 운동이 크게 효과가 있었다고 합니다. 심장이 잘 뛰면 뇌로 혈액을 잘 공급할 수 있어, 두뇌가 최정상의 상태가 되기 때문인데요.

만약 운동이 싫다면 아침 목욕을 추천합니다. 찬물 목욕은 각성과 관련된 교감신경을 자극하고, 체온보다 높은 온도인 38~40도 목욕은 심신 안정에 도움이 됩니다. 영국 본머스대학 연구팀은 20도 정도 찬물에 5분간 몸을 담근 뒤 MRI를 찍어 뇌 변화를 살펴봤더니, 집중력, 의사 결정력, 감정조절력과 관련된 뇌 부분 연결성이 증가한다는 사실을 발견했습니다.

둘째, 자세는 무조건 세우고 일한다.

자세는 태도로 이어지고, 태도는 성과로 연결됩니다. 하버드대학 에이미 커디 연구팀은 당당한 자세를 한 사람과 움츠린 자세를 한 사람들로 실험군을 나누어 1분간 자세를 유지하게 한 후 모의 면접을 치르게 했습니다. 그 결과 자세를 쭉 편 사람이 점수가 더 높다는 사실을 발견합니다. 자세만 고쳐도 성과는 올라갑니다.

셋째, 승리의 포즈를 자주 취하자.

자신감을 충만하게 할 수 있는 또 다른 방법은 움직임, 소리, 자세입니다. 샌프란시스코주립대의 에릭 페퍼와 아이 메이 린 연구팀은 실험군을 신나는 동작을 하는 그룹과 풀 죽은 동작을 하는 그룹으로 나눈 뒤 활력도를 측정했는데요. 고개를 숙이고 풀 죽은 동작을 한 그룹은 실험 직전보다 성과가 더 낮은 것으로 나타났습니다.

승리의 브이 자를 가끔 그리거나 엄지 척을 하는 것만으로도 성과가 향상된다고 하는데요. 리옹대의 타하르 라바히 연구팀은 제자리높이뛰기 실험에서 한 그룹은 '점프'라고 외치면서 뛰고, 대조군은 묵묵히 점프만 하도록 했습니다. 그 결과 '점프'라고 외친 그룹의 성적이 6% 높아졌다고 합니다.

넷째, 색상을 적극적으로 활용하자.

이런 연구도 있습니다. 오사코 공과대학 미즈노 게이 연구팀에 따르면, 집중하려고 할 때는 빨간색을, 마음을 가라앉힐 때는 파란색을 보는 것이 업무 효과가 높은 것을 발견했습니다. PC 근처에 색상 인형을 가져다 두거나, 아니면 컴퓨터 바탕 화면을 바꾸면서 일해 보는 것이 도움이 될 듯합니다.

다섯째, 나를 객관화하자.

남 탓으로 책임을 돌려 자아를 보호하려고 드는 인지 편향을 '더닝 크루거 효과'라고 하는데요. 진정한 능력자는 자신을 객관화할 수 있는 사람입니다. 퇴근길 5분 정도는 오늘 내가 무엇을 잘했는지, 또 무엇을 잘못했는지 한 번 정도 떠올리면서 일과를 마무리하는 것이 좋습니다.

미국의 정치가인 벤자민 프랭클린은 이런 명언을 남겼습니다. "그대는 인생을 사랑하는가? 그렇다면 시간을 낭비하지 말라, 시간이야말로 인생을 형성하는 재료이기 때문이다."

번아웃은 긍정적으로 보면 나 자신을 되돌아볼 수 있는 계기가 될 수 있습니다. 가끔은 새벽 산책이나 근교 카페 가보기 등 자신을 돌보기 위한 작지만 새로운 경험을 해 보시는 것은 어떤가요. 이 작은 행동이 또 다른 '나 자신'을 마주할 수 있는 시간이 될 수 있을지도 모릅니다.

# 잘 실패하고 제대로 포기하는 방법

"우리가 알아야 할 것은
고통스러운 현실과 그로 인한 성장은 함께 있다는 점입니다.
고통을 진전으로 바꾸어 보세요.
가능한 빨리 실패해보면, 빨리 배울 수 있습니다."

– 에드 캣멀(Ed Catmull) –

어느 독자가 이런 질문을 했습니다.

"아무리 노력해도 안 되는 일이 있을 땐 어떻게 해야 하나요."

열심히 살다가 어느 날 문득 이런 생각이 들 수 있습니다. "성
공할 수 있을까?" "성공이 노력으로 될까?" 아무리 노력해도 안 되
는 일들도 많습니다. 능력의 한계일 수도 있고, 단지 그 때에만 운
이 없어서일 수도 있죠. 이럴 때는 잠시 멈춰서서 생각하게 됩니다.
'다시 힘내서 달려야 하나, 아니면 이제는 다른 것을 해야 할까?'

인생은 선택의 연속입니다. 하나를 얻으려면 하나를 잃을 수 있다는 것을 우리는 압니다. 그렇다면 또 다른 선택을 위한 '포기'를 하려면 어떻게 해야 할까요.


## 물고기도
## 포기를 한다


마트에서 흔히 보이는 관상어로 제브라피쉬가 있습니다. 사람과 유전자가 90% 일치해 실험용으로도 많이 쓰이는 물고기입니다. 하워드휴스의학연구소의 아렌스 박사 연구팀은 제브라피쉬를 활용해 한 가지 실험을 진행했는데요. 물줄기를 만나면 본능적으로 거슬러 올라가려는 습성이 있는 제브라피쉬가 '언제 포기하는가?'에 대한 내용이었습니다.

어항 앞쪽에 디스플레이를 설치해, 아무리 헤엄쳐도 앞으로 나아가지 못하는 것 같은 착시를 주었습니다. 그 후 3차원 현미경을 활용해 물고기의 뇌를 관찰해 그 과정을 지켜본 결과, 제브라피쉬가 처음에는 열심히 헤엄쳤지만 점점 시간이 지날수록 에너지를 소모하더니 포기하는 모습이 관찰되었습니다.

연구진은 물고기마저 일정 수준을 벗어난 환경에 맞닥뜨리면 포기한다는 사실을 과학적으로 밝혀냈는데요. 이 순간 뇌 조직이 손상됐을 때 이를 회복시키는데 도움이 되는 신경아교세포(Glial cell)가 움직이는 것도 확인했습니다.

여기서 알 수 있는 흥미로운 사실이 있습니다.

좌절은 두뇌 건강을 해치지만, 포기는 머리를 맑게 해줍니다.

우리 사회는 늘 그릿(Grit)을 강조합니다. 그릿은 미국 심리학자인 앤젤라 더크워스가 정립한 용어인데요. 목표한 바를 열망하고 해내는 열정, 그리고 난관이 닥쳐도 포기하지 않고 목표 달성을 위해 노력하는 끈기를 말합니다.

직장을 그만두는 것도, 준비하던 시험을 포기하는 것도, 어떠한 프로젝트를 그만두는 것도 꽤나 큰 용기가 필요한 일이지만 우리 사회는 '포기'라는 단어를 쉽게 용납하지 않습니다. 하지만, 한 가지는 분명히 알아야 합니다. 시간 앞에 영원한 것은 없습니다.

## 삶의 무작위성을 이해하자

포기를 한다는 것이 꼭, 아무것도 안 한다는 것을 의미하지는 않습니다. 우리의 삶에는 매우 다양한 선택지들이 놓여있고, 삶은 때때로 의도치 않는 방향으로 흘러갈 때가 있습니다.

아론 랠스턴(Aron Ralston)이 겪은 일화가 대표적이라고 볼 수 있습니다. 대학 강사였던 랠스턴은 2003년, 블루존 캐니언의 좁은 협곡 틈을 힘겹게 이동하던 중 바위가 떨어져 한 팔이 짓눌리는 사고를 겪게 됩니다. 그의 여행계획을 그 누구에게도 말하지 않았기 때문에 그는 아무도 자신을 찾아오지 않을 것이라고 판단했습니다. 아무도 없는 골짜기에서 그는 5일 동안 한 팔로 조금씩 물을 나눠 먹었고, 물이 떨어진 이후에는 소변을 먹으며 버텼습니다. 죽음이 임박해오는 것이 느껴질 때 즈음 그는 불현듯 이런 생각이 들었습니다.

"꼭 죽음을 맞이해야 하는 걸까, 다른 걸 포기할 순 없을까?"

그리고 배낭 속에서 맥가이버 칼을 꺼내 스스로 팔을 자르기 시작했습니다. 그리고 나서도 그는 17마일을 걸어 간신히 구조될 수 있었습니다. 그의 일대기는 2010년 〈127 시간〉이라는 영화로까지 제작이 되었습니다. 그는 훗날 이런 말을 남겼습니다.

"제가 선택한 길입니다. 어쩌면 이 바위는 평생 저를 기다려 왔을지 몰라요."

"비극은 제 자신을 시험해 보도록 영감을 줍니다."

우리는 삶의 책임이 100% 온전히 자기 자신에 있다고 믿습니다. 하지만 곰곰이 생각해 보면 꼭 그렇지는 않습니다. 삶은 노력대로 흘러가는 것도 있지만, 그렇지 않을 때도 있습니다. 때론 생각의 전환이 필요합니다. 당신 탓만은 아닙니다.

바이애슬론. 스키를 타고 다니면서 사격을 함께하는 경기입니다. 2018년 평창 패럴림픽에서 미국 선수 대니얼 크노슨이 이 종목 금메달을 차지했습니다. 20발을 발사해 모두 명중시켰다는데요. 사실 그는 해군 특수부대인 네이비실 소속이었습니다. 아프가니스탄을 순찰하고 있던 도중 지뢰를 밟아 일주일 이상 지속된 혼수상태 끝에 간신히 생명을 부지했습니다. 하지만 그 충격으로 두 다리를 잃었고, 골반이 모두 부서졌으며, 장기마저 일부 손상됐습니다.

그는 장기적이고 미래적인 인생 계획을 포기하는 대신, 하루하루를 버티기 위해 단기 목표에 집중했습니다. 그는 네이비실 훈련법을 삶에 적용해 원대한 계획보다는 당면한 세부 문제를 끝까지 푸는 방법을 선택했습니다. 그리고 오랜 노력 끝에 그는 하버드대학에서 행정학과 신학 석사 학위를 받고, 동계 패럴림픽에도 출전합니다.

# 포기의 두려움은
# 당연하다

"상황을 바꿀 수 없을 때, 고민의 시간에 대한 모든 책임이 나에게만 있지는 않아요. 자책할 필요 없습니다. 사람들이 어떻게 노력했는지 자세히 들여다보지 않고 그들에게 그만두었다는 오명을 씌우며 현재 상황의 책임을 돌리면 세상은 더욱 불공정해지지 않나요."

영문학 박사 학위를 받고 교수를 꿈꾸다, 그 꿈을 달성하기 직전 그만둔 줄리아 켈러는 훗날 시카고트리뷴의 기자로 활동하면서 퓰리처상까지 받습니다. 그는 포기하는 방법을 알려준 책 《퀴팅》을 통해 이렇게 말했습니다.

그는 덧붙여서 라이디 클로츠 《빼기의 기술》을 인용했습니다.

"이분법적 사고와 싸워야 합니다. 그만둔다고 해서 무언가를 계속할 수 없다는 뜻은 아닙니다. 그만두기와 그만두지 않기는 반대 개념이 아닙니다. 상황을 개선하기 위해 반응하는 방식이 다릅니다. 마이너스라고 생각한 것이 플러스가 될 수도 있고, 그만두기라고 생각한 것이 그만두지 않는 것이 될 수 있습니다"라고 말하며 크게 세 가지 방법을 제안했습니다.

· **우선순위를 정한다:** 먼저 투두(To-do) 리스트를 작성합니다. 내가 정말 간절히 원하는 프로젝트, 하고자 하는 일들을 적습니다.

· **두려움을 받아들인다:** 무엇인가 새로운 것을 시작하는 데는 두려움이 따릅니다. 하지만 두려운 것은 너무 당연합니다. 모든 사람이 같습니다.

· **방향을 바꿔본다:** 프로젝트를 포기할 수 없는 상황이라면, 방향이라도 바꿔보는 것이 좋습니다. 망설이는 것도 좋고, 새 목표를 세우는 것도 좋고, 잠시 멈추는 것도 좋습니다. 새 방향을 찾는 것이 중요하니까요.


## 매우 빨리
## 실패를 경험하라


심리학자인 존 크럼볼츠, 라이언 바비노는 《빠르게 실패하기》라는 책을 통해 왜 실패는 빠르면 빠를수록 좋은지 설명합니다.

이들은 한 도예과 교수의 실험을 소개하는데요. 교수는 학생들에게 이렇게 말합니다. "자, 다음 시험에선 두 가지 방법을 모두 인정하겠습니다. 엄청나게 많은 도자기를 내도 좋고, 아니면 우수한 도자기 몇 점만 내도 인정하겠습니다."

학생들은 곧 다작을 하는 그룹과, 공을 들이는 그룹으로 나뉩니다. 결과는 어땠을까요. 평상시 성적이 우수한 학생들 대다수가 질보다는 양을 택했습니다. 반면 우수한 작품을 내겠다고 다짐한 학생들은 제출 시간도 제대로 엄수하지 못했습니다.

성공하는 이들의 공통점은 빠르게 실패하는 데 있습니다. 도자기를 많이 만든 학생들은 스스로 빠른 실패를 통해 성장할 수 있었던데 반해, 품질만을 강조한 학생들은 고민하다 시간만 보냈다는 메시지입니다. 만약 반복적으로 해 봐서도 마음에 드는 결과를 얻지 못한다면? 포기할 수밖에 없을 텐데요. 데카르트는 '방법론'을 통해 이렇게 말했습니다. "확실히 가장 좋은 길을 결정할 수 없을 때, 우리는 조금 더 좋아 보이는 길을 따라가야 합니다."

빠르게 실패하기의 저자들은 희망 대기 목록을 작성해 보라고 권장을 합니다. 희망 사항 목록을 작성해 보고, 당장 할 수 있는 일부터 해 보라는 것인데요. 무겁고 큰 생각은 잠시 접어두고 빠르게 할 수 있는 일부터 해 보는 것은 어떨까 합니다. 포기와 실패에도 연습이 필요합니다.

삶은 마음먹은 대로, 그 뜻대로만 흘러가지 않습니다. 때론 갑작스레 달라진 환경 때문에, 때론 힘든 인간관계 때문에 포기해야만 하는 순간이 발생하기도 합니다. 무엇인가를 새로 한다는 것은 무엇인가를 포기하는 행위이기도 합니다. 대니얼 카너먼은 《생각에 관한 생각》을 통해 이렇게 말했습니다.

"우리 머릿속에는 한계가 있어요. 우리가 얼마나 무지하고 우리가 살고 있는 이 세상이 얼마나 불확실한지 전혀 인정하지 않습니다. 우리는 우연의 비중을 과소평가하는 경향이 있습니다."

고민보다는 행동이, 더딘 성공보다는 빠른 실패가 더 큰 미래를 만들어 줄 것이라고 믿습니다.

**DAY 30**

# 에필로그: 선한 조직과 인간을 믿는 문화의 힘

매일경제는 2016년 실리콘밸리에 특파원을 파견해 이곳에서 빠르게 성장하는 테크기업과 스타트업들을 취재했습니다. 저희 특파원들은 왜 실리콘밸리 기업들이 전 세계의 혁신을 이끌고, 이곳의 스타트업들이 놀라운 속도로 성장하는지가 궁금했습니다.

좋은 대학, 우수한 인재, 창업 생태계 등 여러 가지 요인이 있었지만 가장 강력한 한 가지 요인을 꼽는다면 바로 '문화'입니다.

회사를 과감히 때려치운 8명의 직원들이 실리콘밸리에 만든 '페어차일드'는 최초의 실리콘밸리 반도체 회사였습니다. 이 회사에서 인텔이 나왔습니다. 인텔과 휴렛패커드 같은 회사를 자양분으로 애플이 만들어졌고, 야후, 넷스케이프, 시스코와 같은 인터넷을 대표하는 회사도 '메이드 인 실리콘밸리'입니다. 90년대 실리콘밸리에서 만들어져 지금 전 세계를 깜짝 놀라게 하는 회사가 바로 엔비디아입니다. 닷컴버블이 끝난 후에도 실리콘밸리는 구글과 메타(옛 페이스북)같은 슈퍼 기업을 만들어내는 산파가 됐습니다. 요즘 AI 혁명을 이끄는 '오픈AI'도 실리콘밸리에 위치합니다.

관습과 권위에 얽매이지 않고 도전하는 문화, 실패를 장려하고 이를 명예로 여기는 문화, 회사에 대한 충성이 아니라 성과로 말하고 팀워크를 중시하는 문화. 감시하고 처벌하기보다는 스스로 자발적으로 일하도록 만드는 문화. 이런 문화는 하루 만에 생겨난 것이 아니라 수십 년간 축적된 성공의 경험에서 나온 것입니다. 말로 설명하기는 쉽지만, 이 문화를 따라하기 쉽지 않은 이유입니다.


미라클레터는 이런 실리콘밸리의 문화를 독자들에게 전하고자 많은 노력을 기울였습니다. 구글, 아마존, 넷플릭스 같은 빅테크 기업들의 문화를 소개하고 리더십, 자기계발, 인력관리 등 다양한 소재를 다뤘습니다.

그래서일까요? 많은 한국기업들도 실리콘밸리의 기업문화를 배우고 변화를 만들어가고 있습니다. 한국의 직장인들도 실리콘밸리식 리더십과 자기혁신을 몸소 실천하고 있습니다.

실리콘밸리의 기업문화의 기저에는 무엇이 깔려있을까요?

저는 '인간에 대한 선의'와 '선한 조직에 대한 믿음'이 있다고 생각합니다.

페이잇포워드(Pay It Forward)라는 말로 대표되는 실리콘밸리의 문화는 순수한 선의에서 비롯됩니다. 성공한 사람이 후배를 순수한 선의에서 돕고, 그런 선의가 자연스럽게 번져나갑니다.

최근 세계 최고 반도체 회사가 된 엔비디아에는 정치가 없고 협력만이 존재합니다. 정보를 평등하게 공유하기 때문에 정치를 할 필요가 없습니다.

부서 간 칸막이(사일로)를 없애고 협력을 증진하는 것이 모든 실리콘밸리 기업들의 목표입니다. 실리콘밸리는 유능하지만 조직문화를 해치는 사람을 좋아하지 않습니다. 결국 최고의 성과는 팀웍에서 나온다고 보기 때문입니다. 이를 위해서는 '선한조직'을 만들어야합니다. 협력하는 사람이 성공하고, 다른 사람을 짓밟는 사람이 조직에서 밀려날 때 정치가 사라지고 진정한 팀웍이 만들어지기 때문입니다.

저희는 이 책이 자기계발서이면서 리더십 서적이 되기를 희망하면서 썼습니다. 막 회사에 들어온 신입직원도, 수천명의 직원들을 이끄는 CEO도 공감하면서 읽을 수 있는 그런 책을 쓰고자했습니다.

개인의 작은 변화가 조직의 변화를 이끌고, 조직의 변화가 우리 사회의 큰 변화를 만들 것이기 때문입니다.

이 책이 오늘 여러분의 삶의 변화를 만들었기를 바랍니다.

30일째의 레터는 이렇게 마무리하면서 계속해 주3회 새벽에 이메일로 소통하도록 하겠습니다.

-팀 미라클레터

이상덕, 이덕주, 원호섭, 이다솔 올림

---

"미라클 모닝을 하는 직장인들의 참고서"

미라클레터는 대한민국 CEO들이 '최애하는 글로벌 트렌드 뉴스레터예요. 10만 명이 넘는 분들이 아침마다 미라클레터로 미라클 모닝을 하고 있습니다.

매일경제의 실리콘밸리 특파원과 테크 담당 기자들이 글로벌 트렌드, 테크 소식, 빅테크 주식, HR·리더십, 혁신 문화 스토리 등을 인사이트 있게 담아, 주 3회 이상 새벽 시간대에 이메일로 보내드리고 있어요. 구독신청과 동시에 미라클레터를 읽는 방법을 담은 안내 이메일인 '웰컴 레터'를 보내드려요.

## PART1 마인드

• **DAY 1**

《찰리 브라운과 함께한 내 인생》, 찰스 M. 슐츠, 이솔 역, 유유

• **DAY 2**

《어도비 CPO의 혁신전략》(The Messy Middle), 스콧 벨스키, 안세민 역, 해의시간

〈굿 포춘: 존 폴 디조리아 스토리〉(Good Fortune: The John Paul Dejoria story),
조쉬 틱켈 (다큐멘터리 영화)

《성공을 부르는 승자의 조건》, 릭 피티노, 마도경 역, 현대미디어

• **DAY 3**

《4,000주: 영원히 살 수 없는 우리 모두를 위한 시간 관리법》, 올리버 버크먼, 이윤진 역,
21세기북스

〈로버츠의 3시간 감상법〉(Roberts 3 hour looking assignment), 제니퍼 로버츠

• **DAY 4**

《사피엔스: 유인원에서 사이보그까지, 인간 역사의 대담하고 위대한 질문》, 유발 하라리,
조현욱, 김영사

《진실의 흑역사: 인간은 입만 열면 거짓말을 한다》, 톰 필립스, 홍한결 역, 윌북

〈하버드 비즈니스 리뷰 2016. 7: 거짓말쟁이와 협상하는 방법〉(How to Negotiate
with a Liar), 레슬리 존

《몬스터 직원 대처법》, 이사카와 히로코, 오성원 역, 매일경제신문사

• **DAY 5**

《인간관계론》, 데일 카네기, 임상훈 역, 현대지성

《인간의 행위를 지배하는 힘》(Influencing Human Behavior), 해리 오버스트릿

《원 데이》(One Day), 필라델피아 이브닝 불리틴
《찰스 슈왑 투자 불변의 법칙》, 찰스 슈왑, 김인정 역, 비즈니스북스

## PART2 업무 노하우

•**DAY 6**
《80/20 법칙》, 리처드 코치, 공병호 역, 21세기북스
《레버리지: 자본주의 속에 숨겨진 부의 비밀》, 롭 무어, 김유미 역, 다산북스
《삶을 향한 완벽한 몰입》, 조슈아 베커, 이현주 역, 와이즈맵

•**DAY 7**
《우리 본성의 선한 천사: 인간은 폭력성과 어떻게 싸워 왔는가》, 스티븐 핑커, 김명남, 사이언스북스
《아마존처럼 회의하라: 세계 1위 기업을 만든 제프 베조스의 회의 효율화 기술》, 사토 마사유키, 류두진, 반니
《기술 문서 작성 완벽 가이드》, 데이비드 누네즈 외, 하성창 역, 한빛미디어

•**DAY 8**
《내가 상상하면 현실이 된다》, 리처드 브랜슨, 이장우 역, 리더스북

•**DAY 9**
《테드 토크: 테드 공식 프레젠테이션 가이드》, 크리스 앤더슨, 박준형 역, 21세기북스
〈하버드 비즈니스 리뷰 2013. 6: 끝내주는 프레젠테이션 하는 법〉(How to Give a Killer Presentation), 크리스 앤더슨(Chris Anderson), (https://hbr.org/2013/06/how-to-give-a-killer-presentation)

## PART3 소통

•**DAY 10**
《브라이언 트레이시 성공의 지도: 세계적인 성공학 거장이 말하는 일의 태도, 삶의 지혜》 브라이언 트레이시, 정미나 역, 갤리온

•DAY 11

《실패는 나침반이다: 50대 개발자의 실리콘밸리 회고록》, 한기용, 이오스튜디오

《효과적인 매니저》(The Effective manager), 마크 호르츠만(Mark Horstman), 와일리(wiley)

〈하버드 비즈니스 리뷰 2018. 5: 놀라운 질문의 힘〉, 앨리슨 우드 브룩스, 레슬리 K존, (https://www.hbrkorea.com/article/view/atype/ma/category_id/7_1/article_no/1148)

•DAY 12

《실리콘밸리의 팀장들: 까칠한 인재마저 사로잡은 그들의 지독한 솔직함》, 킴 스콧, 박세연 역, 청림출판

## PART4 리더십

•DAY 14

《OKR 전설적인 벤처투자자가 구글에 전해준 성공 방식》, 존 도어, 박세연 역, 세종서적

《하이 아웃풋 매니지먼트》, 앤드루 S. 그로브, 유정식 역, 청림출판

•DAY 15

《딜리버링 해피니스: 재포스 CEO의 행복경영 노하우》, 토니 셰이, 송연수 역, 북하우스

•DAY 16

《임파워먼트 리더십》, 프랜시스 프라이, 앤 모리스, 김정아 역, 한겨레출판

## PART5 팀워크

•DAY 17

《일의 격》, 신수정, 턴어라운드

《거인의 리더십》, 신수정, 앳워크

《커넥팅》, 신수정, 김영사

빛비즈

•**DAY 24**

《파타고니아, 파도가 칠 때는 서핑을》, 이본 쉬나드, 이영래 역, 라이팅하우스

《프로세스 이코노미: 아웃풋이 아닌 프로세스를 파는 새로운 가치 전략》, 오바라 가즈히로, 이정미 역, 인플루엔셜

•**DAY 26**

《무엇을 놓친 걸까: 사람 심리에만 집착하고 뇌과학 따위는 무시할 때 마케팅이 놓치는 것들》, 필 바든, 이현주 역, 사이

**PART7 재충전**

•**DAY 27**

《미세 스트레스: 당신의 일상을 갉아먹는 침묵의 파괴자》, 롭 크로스, 캐런 딜론, 구세희 역, 21세기북스

《감정은 어떻게 만들어지는가》, 리사 펠드먼 배럿, 최호영 역, 생각연구소

•**DAY 28**

《생각에 관한 생각》, 대니얼 카너먼, 이창신 역, 김영사

•**DAY 29**

《그릿: IQ, 재능, 환경을 뛰어넘는 열정적 끈기의 힘》, 엔젤라 더크워스, 김미정 역, 비즈니스북스

《퀴팅: 더 나은 인생을 위한 그만두기의 기술》, 줄리아 켈러, 박지선 역, 다산북스

《빼기의 기술: 본질에 집중하는 힘》, 라이디 클로츠, 이경식 역, 청림출판

《빠르게 실패하기: 20년간 진행된 스탠퍼드대학교 인생 성장 프로젝트, 천 개의 성공을 만든 작은 행동의 힘》, 존 크럼볼츠, 라이언 바비노, 도연 역, 스노우폭스북스

#1.
"아침 업무 시작 전에 미라클레터가 메일함에 도착해 있는지 확인합니다. 기업 경영에 도움이 되는 영감을 얻으며, 때로는 유익하다고 판단되는 부문들은 발췌하여 지인들에게 공유하기도 합니다." - 김재웅, 길앤에스 대표이사

#2.
"오전 출근 후 IT 동향을 확인하기 위해 메일로 미라클레터를 활용합니다." - 유승훈, IT 회사 부장

#3.
"프로 N잡러 워킹맘입니다. 40대인 제 주변에는 챗GPT를 들어는 봤지만, 써보지 않은 사람들이 반 이상입니다. 세상이 빠르다고 한탄하지 말고 그 세상을 조금이라도 따라가기 위한 제 발버둥에 언제나 미라클레터가 큰 힘이 됩니다." - 박유진, 제이베럴 대표

#4.
"지메일/네이버/회사 메일 3개의 계정으로 미라클레터를 정독하고 있습니다. 미라클레터를 통해 매일 아침마다 양질의 정보를 얻고 있습니다." - 강한솔, L 반도체 팀장

#5.
"생성형 AI 등 IT 트렌드에 대해 지속적으로 관심을 가져야 하는 직업 특성상 미라클레터를 빼놓지 않고 보고 있습니다. 미라클레터의 핵심 내용을 스크랩해서 팀원들에게 내용을 공유하거나, 교육자료로도 사용하고 있습니다." - 정재호, SK 브로드밴드

#6.

"저는 미라클레터를 새로운 트렌드와 주제를 오픈하는 창문으로 활용합니다. 아침에 미라클레터를 읽을 때 굵은 글씨 위주 먼저 읽고, 이후에 전체 내용을 파악합니다. 관심 분야는 자세히 정독하며, 새로운 트렌드나 용어는 추가적인 조사를 통해 별도로 메모하거나 블로그에 관련 글을 남기기도 합니다."

– 양경택, 한화 투자 증권 IT 혁신 팀장

#7.

"토목공학자로 현재 현장에서 근무하고 있습니다. 미라클레터는 요즘 세상에 관심을 가져야 할 방향을 알려주고, 저에게 최소한의 교양을 제공해 줍니다. 미라클레터를 통해 세상을 바라보고 있습니다."

– 백무현, 우경건설 부장

#8.

"미라클레터를 글로벌 뉴스와 알찬 트렌드 소식을 받는, 거시 뉴스 정보통으로 사용하고 있습니다. 마블 광팬인 둘째 아이에게 리처드 브라우닝이 제트 슈트를 입고 세계지식포럼에서 날아오르는 영상을 보여주기도 하고, 관련 뉴스도 알려주었습니다."

– 최이주, 1인 법인

#9.

"미라클레터에서 매주 업데이트되는 최신 정보를 신속하게 습득하고 IT 분야의 시장 동향을 예측하는데 큰 도움을 받고 있습니다. 리더들의 인터뷰나 생생한 현지 체험 답사는 제 전문성을 높이는데 기여하고 있습니다."

– 한광무, 코웨이 법인사업실

#10.

"IT 직업훈련 기관의 취업 업무를 담당하고 있습니다. 저희 기관에 인공지능에 대한 훈련과정이 있어서 학습이나 고용 동향을 볼 때 미라클레터를 활용하고 있습니다."

– 안미영, 이젠 IT 컴퓨터 아카데미 성남·분당 지점 취업팀장

#11.

"미라클레터를 통해 트렌드를 인지하여 업무나 주식투자하는데 많은 도움을 얻고 있습니다."

— 한기갑, 프로그래머

#12.

"싱가포르에서 직장 생활을 하고 있는 직장인이자 주부입니다. 때로는 다소 어려운 내용도 있지만, 정보의 홍수 속에서 이렇게 큐레이션 된 뉴스레터를 받아볼 수 있어서 감사합니다. 함께 일하는 한국인 동료들에게 미라클레터를 추천했는데, 한결같이 좋은 피드백을 주고 있습니다. 덕분에 동료들과 이야기할 수 있는 주제가 더 많아진 것 같습니다."

— 이채희, Boehringer Ingelheim Singapore

#13.

"아침마다 사무실 책상에 앉아 메일을 확인할 때 미라클레터가 도착해있는 날은 기분이 좋습니다. 제 지식을 워밍업 해주는데 미라클레터만 한 것이 없습니다."

— 정준재, KGM 책임 매니저

#14.

"내년 AI 교과서 도입으로 정보화 시대의 흐름을 파악하기 위해 미라클레터를 봅니다. 요즘은 학생들을 위한 태블릿이 학교에 다 구비되어 있어서 학생들에게도 미라클레터의 존재와 그 가치를 알려주고 있습니다."

— 김나리, 교사

#15.

"미라클레터는 제 아침 루틴 중 하나입니다. 출근 전에 주요 주제와 키워드가 무엇인지 파악하고, 출근하고 나서 짬이 날 때 구체적으로 꼼꼼히 읽어봅니다. 하루하루 읽어나가다 보면 어느새 제 인생에도 '미라클'이라고 외치는 순간이 있지 않을까 생각합니다."

— 박은정, 30대 직장인

#16.

"실리콘밸리 기업들의 근황과 트렌드를 파악해서 투자에 접목하고 있습니다. 매일 회사에 출근해서 미라클레터를 정독하는 편인데 덕분에 테크 분야 지식이 쑥쑥 쌓여가고 있습니다."

– 신수진, 30대 직장인

#17.

"출근길에 미라클레터를 읽으면서 하루를 시작합니다. 항상 제가 관심이 많은 IT 관련 내용이 가득해서 굉장히 흥미롭게 잘 읽을 수 있는 것 같습니다."

– 박세연, 20대 직장인

#18.

"아침에 출근해서 가장 먼저 하는 일이 미라클레터를 확인하는 것입니다. 단순 지식과 정보의 전달을 넘어서 매 주제에 대한 깊은 설명을 통해 나의 언어로 생각하고 정리함으로써 때로는 지혜가 되고 견문이 됩니다. 신문으로 보면 어렵다고 느낄 주제도 이해가 되고 흥미가 생겨 가치 있는 미라클모닝을 보내고 있어 뿌듯합니다."

– 이지현, 20대 직장인

#19.

"IT 업계 취업을 준비하며 교육을 듣고 있습니다. 교육 시작 전에 미라클레터를 읽으면 머리가 맑아지는 느낌이 들고, 하루 일과에 더 집중할 수 있어서 메일이 올 때마다 챙겨보고 있습니다."

– 이병훈, 취준생

#20.

"아침에 일어나서 미라클레터를 가장 먼저 보고, 중요한 점을 파악한 뒤 신문을 읽으면서 하루를 시작합니다. 매번 미라클레터를 읽을 때면 부족하다는 게 정말 많다는 것을 깨닫지만, 미라클레터 덕분에 본질을 파악하는 데 도움을 받을 수 있다고 생각합니다."

– 박정욱, 20대 대학생

# 미라클레터

**초판 1쇄** 2024년 8월 27일

**지은이** 이상덕 이덕주 원호섭 이다솔
**펴낸이** 허연
**편집장** 유승현 **편집3팀장** 김민보

**책임편집** 김민보
**마케팅** 김성현 한동우 구민지
**경영지원** 김민화 오나리
**디자인** 김보현 한사랑

**펴낸곳** 매경출판㈜
**등록** 2003년 4월 24일(No. 2-3759)
**주소** (04557) 서울시 중구 충무로 2(필동1가) 매일경제 별관 2층 매경출판㈜
**홈페이지** www.mkpublish.com **스마트스토어** smartstore.naver.com/mkpublish
**페이스북** @maekyungpublishing **인스타그램** @mkpublishing
**전화** 02)2000-2632(기획편집) 02)2000-2646(마케팅) 02)2000-2606(구입 문의)
**팩스** 02)2000-2609 **이메일** publish@mkpublish.co.kr
**인쇄 · 제본** ㈜M-print 031)8071-0961
**ISBN** 979-11-6484-705-1(03320)